BLEU DE MÉTHYLÈNE

EN THÉRAPEUTIQUE

APPLICATION AU

Traitement de l'Hyperchlorhydrie

PAR

LE Dr LOUIS RAMBAUD

Lauréat de la Faculté de Toulouse (Prix Gaussail, 1892)

Médecin stagiaire au Val-de-Grâce

LYON

A. REY, IMPRIMEUR DE LA FACULTÉ DE MÉDECINE

4, RUE GENTIL, 4

1895

DU

BLEU DE MÉTHYLÈNE

EN THÉRAPEUTIQUE

APPLICATION AU

TRAITEMENT DE L'HYPERCHLORHYDRIE

DU

BLEU DE MÉTHYLÈNE

EN THÉRAPEUTIQUE

APPLICATION AU

Traitement de l'Hyperchlorhydrie

PAR

LE Dr LOUIS RAMBAUD

Lauréat de la Faculté de Toulouse (Prix Gaussail, 1892)

Médecin stagiaire au Val-de-Grâce

LYON

A. REY, IMPRIMEUR DE LA FACULTÉ DE MÉDECINE

4, RUE GENTIL, 4

—

1895

Nos dettes de cœur sont nombreuses et pour exprimer notre profonde gratitude envers ceux qui, de leurs savantes leçons ou de leurs bienveillants conseils, ont dirigé nos premiers pas dans la carrière médicale, il nous faudrait nommer chacun de nos maîtres de la Faculté de Lyon, chacun de nos chefs de l'École du service de santé militaire. Nous les unissons tous dans une même pensée de reconnaissance et de respect.

En acceptant la présidence de ce modeste travail, M. le professeur Teissier nous a fait un bien grand honneur : nous en sommes fier et ce nous est un agréable devoir de l'en remercier hautement ; toujours nous nous rappellerons la bonté de l'attrayant clinicien, l'éloquence du savant professeur.

M. le Médecin-Major Berthier nous a témoigné, durant tout notre séjour à l'École, une aimable bienveillance ; nous lui devons l'idée première de cette thèse, il en a été l'instigateur et mettant à notre dispo-

sition ses notes et ses recherches, il nous a facilité la tâche : nous ne l'oublierons pas.

Nous avons toujours trouvé un sympathique intérêt auprès de M. le Médecin-Major de première classe Hassler; sa bonté en a fait pour nous plus qu'un chef et ce n'est pas seulement de la reconnaissance qu'il nous a inspiré, mais aussi une respectueuse affection.

Des trois années qui viennent de s'écouler nous voulons garder de doux souvenirs; merci à ceux qui, par leur agréable sympathie ou leur amitié sérieuse, ont contribué à la faire naître.

INTRODUCTION

Malgré l'insondable mystère qui nous cache l'essence même de la vie, on peut dire qu'elle est dans tout organisme la seule résultante du fonctionnement de toutes les parties élémentaires qui le composent. Peu importe le degré de perfection de l'individu, la cellule en est toujours la plus simple expression fonctionnelle, aussi bien qu'elle en est, dit Verworn, « la plus simple expression structurale ». D'où résultera donc le trouble manifeste de telle ou telle grande fonction de l'être supérieur, sinon d'une modification de ses fonctions cellulaires ? De la cellule part la maladie, c'est là aussi qu'il faut la combattre et tel est le but que doit poursuivre la thérapeutique jalouse de se dégager de l'empirisme où tant de siècles l'ont confinée.

Mais la vie cellulaire nous échappe, et vouloir la modifier semble téméraire et même impossible. Et cependant, pour réaliser cette modification vitale, que faudrait-il de plus qu'une modification morphologique ou chimique de la cellule ?

Là est précisément l'écueil : le protoplasma en fait le fond et il ne peut changer d'état moléculaire sans perdre les propriétés essentielles qui constituent sa vie ; il n'est plus alors du protoplasma.

Tel est l'obstacle devant lequel on échoue quand on veut par exemple colorer la cellule. M. Ranvier a depuis longtemps insisté sur ce fait et son opinion concorde avec la doctrine classique : toute cellule ne se colore qu'à la condition de cesser de vivre ; prenez, dit-il, une cellule à cils vibratiles, mettez-la en contact avec une solution colorante, elle résiste d'abord et continue par ses mouvements à manifester sa vie, mais tout à coup elle s'arrête et la couleur s'y diffuse, se fixant aux points d'élection : la cellule est morte.

Depuis une dizaine d'années, en Allemagne, on a fait sur cet intéressant sujet de minutieuses études. On a tout d'abord acquis la notion que la cellule végétale, sans être immédiatement tuée, se laisse colorer par certaines substances comme l'éosine ou quelques autres couleurs d'aniline. Plaçons, par exemple, dans une solution étendue de bleu de méthylène des azolla, des spyrogyra ou des poils radicaux de lemna ; nous les verrons y puiser progressivement une telle quantité de matière colorante qu'ils ne tarderont pas à prendre une coloration bleu foncé (Pfeffer). Cette propriété qu'ont les cellules végétales de se colorer pendant leur vie a précisément aidé à classer parmi elles les éléments microbiens qui se colorent en effet et continuent à vivre, si la solution qui les renferme est suffisamment diluée et si la durée du contact en est assez courte (Hugounenq et Eraud).

Les chercheurs n'ont pu s'en tenir là ; ils sont arrivés

à reconnaître que, même chez les animaux, les couleurs peuvent s'accumuler dans l'intérieur de la cellule vivante. En 1885, Ehrlich, le premier, montrait que les larves de triton et de grenouille prennent au bout de quelques heures une coloration très intense, quand on les fait vivre dans une solution faible de bleu de méthylène ; replacées dans l'eau pure elles reprennent leur couleur primitive. Depuis, il a vu que le bleu de méthylène, injecté dans le sang, se combine avec le cylindre-axe des fibrilles nerveuses pour leur donner une coloration bleu foncé qu'on utilise dans les recherches histologiques et, tout récemment encore, M. le professeur Renaut s'en servait ingénieusement pour étudier la rétine.

Poursuivant ses recherches, Ehrlich a trouvé pour d'autres substances colorantes la même propriété d'imprégner les tissus vivants ; avec un dérivé du rouge de toluidine, il a pu en un quart d'heure colorer les larves de triton plongées dans une solution étendue ; en l'injectant ou le faisant ingérer à des souris, il a pu colorer leur cellules pulmonaires. Des exemples analogues se multiplient de plus en plus : Hertwig a vu les œufs fécondés des échinodermes se colorer eux aussi dans la solution de bleu de méthylène et leur segmentation, bien que ralentie, se continuer jusqu'à la formation de la gastrula. D'après Heydenhain, l'indigo-carmin injecté dans le sang d'un mammifère s'accumule bientôt dans les cellules hépatiques et dans l'épithélium des tubes contournés du rein.

Il n'y a donc plus de présomption, aujourd'hui, à dire que la cellule vivante est colorable. Mais, est-ce à dire que le protoplasma, lui, se colore? Non, sans doute ; d'une telle combinaison naîtrait une action toxique, car les échanges chimiques d'où résulte la vie seraient forcément bouleversés. Quelles sont donc, dans la cellule, les parties colorables ? Pour Schultze, se colorent uniquement les granulations des cellules, et cela par suite de leur combinaison chimique avec la matière colorante ; ces *granula*, si nombreux dans certains globules blancs, se rencontrent aussi dans toutes les cellules, analogues dans tous les tissus selon les uns (Waldeyer), spécifiques à chacun d'eux selon les autres ; ils en sont, d'après Altmann, l'élément essentiel et véritablement actif.

Selon Pfeffer, la matière colorante — et ceci s'applique surtout aux végétaux — se borne à traverser le protoplasma pour aller s'accumuler, en une solution de plus en plus concentrée, dans le suc cellulaire où elle trouve des substances qui forment avec elle des combinaisons plus diffusibles.

Mais s'il nous faut admettre que le protoplasma échappe à l'action colorante, nous faut-il avouer qu'il ne saurait y avoir dans tous ces phénomènes la moindre modification de l'activité cellulaire ? Entre les cellules et leur milieu, il y a des rapports réciproques d'ordre physique et chimique. Si dans ce milieu surviennent des modifications assez légères pour que la cellule ne soit pas immédiatement tuée, celle-ci ne va-t-elle pas chercher à s'accommoder à ses conditions nouvelles et n'en résultera-t-il pas une modification de son mode de vie et de ses fonctions ? Au lieu d'une modification morphologique, elle aura subi une modification dynamique.

Nous voyons là une source féconde en résultats thérapeutiques. N'est-il pas séduisant de rapporter à la cellule malade les enseignements fournis dans le laboratoire par la cellule morte et d'injecter dans le sang la substance qui convient le plus à tel ou tel tissu ? Sans doute, comme le disent MM. Charrin et Carnot, les lésions confèrent aux tissus la propriété de mieux s'emparer des substances dissoutes ; mais n'y a-t-il pas intérêt à leur alléger la besogne ?

Depuis ces dernières années, en s'introduisant dans la thérapeutique et, en particulier, dans celle des maladies nerveuses, les matières colorantes nous semblent avoir marqué une étape nouvelle et considérable. Des essais de ce qu'on pourrait appeler la *chromothérapie (farbenthérapie)* ont été déjà faits avec le chlorure d'or, le nitrate d'argent et le bleu de méthylène. Toute modification de la cellule peut d'ailleurs entraîner une excitation et aussi peut-être, comme le soutient Verworn, une diminution du fonctionnement. N'y a-t-il pas là le moyen de guérir les affections créées par une hyperactivité fonctionnelle telle, par exemple, que celle des cellules gastriques dans l'hyperchlorhydrie ?

Durant notre stage à l'Hôpital militaire d'instruction, en 1893, M. le médecin major Berthier, traitait par le bleu de méthylène un hyperchlorhydrique, confié à notre observation. Les résultats de cette médication furent favorables et l'idée nous vint de trouver là le sujet de notre thèse inaugurale. Ainsi avons-nous été amené à traiter *du bleu de méthylène en thérapeutique et de son application au traitement de l'hyperchlorhydrie.*

Voici quel a été notre plan :

Première Partie :

Chapitre I : Propriétés chimiques et physiques du bleu de méthylène.

Chapitre II : Son action physiologique (pouvoirs colorant et antiseptique).

Chapitre III : Revue de ses divers emplois en thérapeutique.

Deuxième Partie

Chapitre IV : Application au traitement de l'hyperchlorhydrie (critique du traitement alcalin ; action du bleu de méthylène sur la sécrétion de l'acide chlorhydrique ; théorie de cette action ; mode d'administration ; résultats obtenus.

DU

BLEU DE MÉTHYLÈNE

EN THÉRAPEUTIQUE

APPLICATION AU

TRAITEMENT DE L'HYPERCHLORHYDRIE

PREMIÈRE PARTIE

CHAPITRE PREMIER

Notions chimiques sur le bleu de méthylène.

C'est en 1876, qu'un savant français M. Ch. Lauth a découvert le bleu de méthylène.

Désigné sous le nom de Tétraméthylthioninchloride, il a pour formule :

$$C_{16}\,H_{18}\,N_3\,S\,Cl + 3\,H^2\,O = N \left\langle \begin{matrix} C_6\,H \\ C_6\,H_3 \end{matrix} \right\rangle S \begin{matrix} N\,(C\,H_3)_2 \\ N\,(C\,H_3)_2 \end{matrix}$$

$Cl + 3\,H^2\,O$ (Balstein).

Il fait partie de l'immense groupe des matières colorantes qui en général dérivent de l'aniline $C^6\,H^7\,Az$ chauffée avec les corps oxydants. Toutes ces substances contiennent souvent des sels de zinc et de l'arsenic ; il est difficile de se les procurer chimiquement pures et c'est là peut-être un des plus sérieux écueils à leur emploi.

Le bleu de méthylène, lui, s'obtient en traitant le diméthylphényldiamine en solution acide par H^2S et ensuite par le perchlorure de fer, ou bien encore en traitant la tétraméthyldiaminodiphénylamine $C_{16}H_{19}N_3$ par H S puis par le perchlorure de fer.

Le bleu de méthylène se présente sous l'aspect d'une poudre brunâtre de faible densité. Il doit être soluble dans l'eau dans la proportion de 5 pour 3. On doit le rejeter quand il ne se dissout pas. Sa solution aqueuse est bleu intense ; elle ne doit pas se décolorer par l'ammoniaque, mais bien par H_2S ou $Na_2S_2O_4$. Le bleu de méthylène est peu soluble dans l'alcool et la glycérine.

Il est précipité par Na Cl + $ZnCl_2$ et aussi par $HgCl^2$ et $K_2C_2O_7$. Quand sa solution a été décolorée par les agents réducteurs, on peut lui rendre sa couleur à l'aide des oxydants faibles.

Son spectre d'absorption donne deux raies comprises dans le rouge.

Si le bleu de méthylène contient du chlorure de zinc, ce dont il est facile de s'assurer à l'aide des réactifs appropriés, il faut le purifier en le dissolvant dans l'eau chaude et en le laissant cristalliser.

CHAPITRE II

Action physiologique.

Ehrlich et Leppmann les premiers se mirent, en 1885, à étudier l'action du bleu de méthylène sur l'organisme. Depuis, ceux qui ont étudié les effets thérapeutiques de cette substance ont tous recherché les modifications qu'elle imprime aux diverses fonctions, mais ils ne sont pas tous arrivés aux mêmes conclusions. C'est que toujours le produit expérimenté n'était pas identique ; il est difficile, en effet, de se procurer du bleu de méthylène absolument pur et surtout totalement dépouillé de chlorure de zinc. Pour notre part, nous avons employé un produit dont nous avions contrôlé la pureté ; ainsi, expérimentant sur nous-même, avons-nous cherché à nous faire une opinion sur les points discutés.

Absorption et élimination. — Introduit dans l'économie, le bleu de mèthylène y est rapidement absorbé.

Cette rapidité d'absorption est telle que quelques minutes après l'ingestion ou l'injection dans le tissu cellulaire d'une solution du médicament, on le retrouve dans les urines. C'est en nature qu'il passe dans le sang, il s'y trouve en solution dans le plasma, bien que celui-ci ne présente pas d'une façon manifeste la coloration bleue révélatrice. Pourtant, selon d'Aulnay qui a fait des examens microscopiques à ce sujet, une goutte de sang d'une femme qui a absorbé une dose minima de 50 centigrammes, depuis deux heures au moins, présente une coloration plus foncée qu'une gouttelette de sang ordinaire, mise en opposition pour le contrôle. Les globules n'échappent pas à la coloration et si on étale une gouttelette de sang sur une lamelle on peut voir, après l'avoir désséchée les globules très apparents dans le champ du microscope, verdâtres dans leur ensemble. A travers les couches épaisses de globules agglomérés la coloration rouge de l'hémoglobine est plus foncée et en certains endroits plus épais encore il y a une coloration violacée que l'on ne voit pas dans les préparations ordinaires.

Le sang serait, d'après Combemale, autrement modifié; il présenterait en effet, d'après l'administration du bleu de méthylène le spectre de la méthémoglobine, mais jamais on n'y trouverait celui du médicament lui-même. Nous n'avons pu y constater ni l'un ni l'autre.

L'élimination du bleu de méthylène commence bientôt et dure longtemps. Après l'ingestion d'une dose de 0,10 centigrammes elle commence au bout de dix minutes et au 4e jour, comme nous l'avons constaté sur nous-même, elle n'est encore pas terminée. Elle se fait surtout par l'urine qui présente une coloration bleue caractéristique et sur laquelle nous reviendrons. Elle se fait en même temps par les selles qui, au contact de l'air, prennent elles aussi une coloration bleue. Ehrlich qui le premier a signalé ces faits dit avoir constaté également une coloration de la salive, de même Einhorn aurait vu au microscope du bleu dans les crachats des phtisiques qui en prenaient. Combemale, lui, n'a pas vu la salive colorée et selon nous elle ne l'est jamais. En revanche, un de nos malades présentait au niveau de la sclérotique une teinte bleue particulière et chez une jeune fille nous avons constaté la même coloration dans des pertes blanches. La sueur elle non plus ne nous a point paru colorée. Ajoutons que nous avons en vain cherché la coloration du sperme. Le bleu de méthylène colore donc certaines sécrétions et en particulier l'urine, mais il ne les colore pas toutes. Ceux qui pour le discréditer *à priori* le lui ont reproché paraissent avoir agi avec une exagération manifeste. Strasmann n'a-t-il pas été jusqu'à lui reprocher de colorer le liquide amniotique de sorte que l'enfant vient au monde tout bleu ce qui n'est pas sans donner, comme on le pense, au nouveau-né un aspect assez étrange !

Toxicité. — Le bleu de méthylène est-il toxique ? Tel est le premier point sur lequel s'est portée l'attention. Ici surtout il importe d'avoir un médicament pur.

Bonhomme, il y a longtemps (1880) avait prétendu que les couleurs d'aniline par elles-mêmes ne sont pas toxiques et Stilling y insiste de nouveau. D'ailleurs, pour ce qui est du bleu de méthylène les faits le prouvent :

Ehrlich et Leppmann qui l'ont administré à l'intérieur aux doses de 0gr,01 à 0gr,08 en injections sous-cutanées dissous dans de l'eau à 2/1000 et à celles de 18 centigrammes à 1 gramme en poudre dans des capsules gélatineuses, ne lui ont reproché aucun accident. Tritingnam a même pu l'administrer sans inconvénient à des doses allant jusqu'à 3 grammes par jour, Combemale et Laveran eux aussi le déclarent inoffensif. C'est à peine si l'un des malades de Combemale a éprouvé une sensation de constriction au niveau du crâne. Jamais il n'y a eu ni troubles gastro-intestinaux ni troubles de la vue. Et pourtant Piotrowski lui reproche de provoquer de l'inappétence, des douleurs dans la région épigastrique, des nausées et même des vomissements. Gaillard lui aussi lui attribue une série d'accidents assez graves : à doses faibles (10 à 20 centigrammes),il provoquerait des malaises variés : troubles gastriques, nausées, dans un cas même vomissements et prurit urétral. Avec 40 et 60 centigrammes il y aurait eu des nausées, des vomissements, de la gastralgie et des vertiges. Nous croyons que ces accidents sont dus à ce que ces auteurs donnaient la dose quotidienne en une seule fois et aussi probablement à l'impureté de leur médicament. On note assez souvent du ténesme vésical. D'ailleurs il nous semble que si la majeure partie des malades ne sont nullement incommodés par le bleu de méthylène, il en est certains qui présentent une intolérance manifeste. D'où la précaution nécessaire, selon nous, de commencer toujours par des doses faibles.

Au point de vue expérimental, l'équivalent toxique du bleu de méthylène a été parfaitement mis en lumière par Combemale et François, qui l'ont étudié sur le chien et le cobaye. Si la substance ne contient pas de chlorure de zinc il faut en donner à un chien de 2 à 5 décigrammes par kilogramme pour obtenir des troubles gastriques, dans ce ce cas, ces troubles consistent en vomissements de matières glaireuses teintées en bleu. La mort peut même arriver si l'on force trop les doses et un cobaye qui a pris 8 décigrammes de la substance par kilogramme d'animal meurt en deux heures, par sidération des nerfs moteurs et sensitifs. Une demi-heure après l'administration du bleu de méthylène, l'animal fléchit sur les pattes, tombe sur le flanc, sa respiration devient très fréquente, il s'assoupit, émet quelques gouttes d'urine d'une coloration bleu pâle; cet état s'aggrave rapidement et quelques heures après le cobaye succombe.

Comme on le voit, à doses convenables, le bleu de méthylène pas toxique et on ne peut pas arguer du danger de son emploi pour le repousser.

Action locale. — Appliquée localement en badigeonnages sur la peau ou les muqueuses, une solution de bleu de méthylène les colore fortement en bleu. Ordinairement cette coloration n'est pas très profonde car ni les cellules ni leurs noyaux ne sont colorés. Pour la faire disparaître un lavage à l'alcool suffit.

Après l'injection hypodermique d'1 à 5 centigrammes de bleu en solution à 1/1000 ou à 4/1000, Piotrowski a vu assez souvent apparaître, avec une élévation de la température, un gonflement douloureux de couleur rougeâtre. En effet, les injections hypodermiques sont assez mal tolérées et selon Dauphant, même quand on prend toutes les précautions antiseptiques désirables, elles peuvent provoquer la formation d'un noyau d'induration douloureux à la pression, mais qui jamais ne suppure. La voie hypodermique, malgré l'action analgésique locale qu'on en obtient, est donc un mauvais procédé d'administration du bleu de méthylène.

Tube digestif. — En solution aqueuse le bleu de méthylène a un goût assez désagréable : il est amer et détermine comme une sécheresse de la bouche et de la gorge. En outre, il a l'inconvénient de colorer les lèvres et la muqueuse buccale. De bon choix et pris en quantité convenable, il est rare qu'il provoque des troubles digestifs et en général il n'amène pas de vomissements. Chez l'homme sain il est sans influence sur l'appétit et ne contrarie nullement la digestion. Dauphant lui attribue une action purgative.

Il a selon nous une action modératrice sur la sécrétion gastrique, sur celle de l'acide chlorhydrique en particulier. C'est là un point sur lequel nous insisterons plus loin.

Système nerveux. — Le bleu de méthylène a sur le système nerveux une action sédative qu'on doit utiliser. D'ailleurs, il faut le donner à doses toxiques pour avoir un peu de céphalalgie et quelques vertiges. Une seule fois nous lui avons attribué des rêves.

Circulation et respiration. — La circulation ni la respiration ne sont modifiées en quoi que ce soit par le bleu de méthylène.

Température. — Dans les cas où nous l'avons administré, la température est toujours restée normale. On refuse du reste au bleu de méthylène toute action thermique, même dans les affections dont il calme les douleurs, telles que le rhumatisme. On lui attribue pourtant la disparition de la fièvre dans les accès de l'impaludisme.

Urines. — Les modifications des urines durant l'administration du bleu de méthylène ont été bien étudiées ; elles constituent d'ailleurs un des points les plus intéressants de son histoire physiologique.

Moins d'un quart d'heure après l'ingestion d'une dose de 10 centigrammes, l'urine prend une coloration verdâtre qui devient bleue au bout de deux heures et bleu foncé au bout de quatre. Deux jours après les urines sont encore bleues, puis elles redeviennent vertes comme au début et la coloration diminuant peu à peu d'intensité a complètement disparu deux jours après. La coloration verte du début et de la fin tient à la superposition du bleu du médicament et du jaune des matières colorantes de l'urine.

Le papier filtre retient une bonne partie de la matière colorante et la décoloration peut être complète si on a recours au noir animal.

Combemale est le seul à attribuer au bleu de méthylène une diminution sensible dans le volume de l'urine ; d'autres en font un léger diurétique. D'après les constatations que nous avons faites chez un de nos camarades et sur nous-même le volume des urines n'est modifié en aucune façon.

Le bleu de méthylène ne produit pas d'albuminurie. Gaillard, avec des doses fortes, a bien observé dans un cas une albuminurie légère et transitoire, mais nous n'avons jamais pu déceler l'albumine malgré de minutieuses recherches.

D'après Combemale et François, si on laisse reposer l'urine pendant plusieurs heures, on voit la matière colorante se rassembler à la surface comme si, de par l'augmentation de l'acidité normale de l'urine, la solubilité du bleu de méthylène diminuait; en outre, si le malade élimine des sédiments organisés, ces sédiments, mucus, leucocytes, cylindres fixent énergiquement la matière colorante.

D'autre part, Einhorn, en 1891, a remarqué que l'urine des sujets qui ont pris deux ou trois fois 20 centigrammes de bleu de méthylène peut être conservée trois semaines sans se décomposer. Cette urine ne suscite dans la gélatine aucune colonie microbienne tandis que l'urine ordinaire, vieille d'un jour, y fait naître des colonies importantes. Le bleu de méthylène semble donc aseptiser les urines.

Pouvoir colorant. — Les propriétés physiologiques du bleu de méthylène sont nombreuses et son pouvoir colorant en est la plus importante puisqu'il suffit peut-être à les expliquer toutes. Utilisé tout d'abord dans l'industrie pour la teinture des laines, le bleu de méthylène fut bientôt adopté comme réactif histo-chimique et c'est avec son concours que Koch découvrit les bacilles de la tuberculose et du choléra. Après la coloration des cellules mortes on ne tarda pas à lui demander celle des tissus vivants. Ehrlich en eut le premier l'idée. De ses nombreuses expériences que déjà nous avons en partie exposées, il résulte que le bleu de méthylène peut colorer : 1° les tissus vivants des êtres organisés et 2° les êtres microscopiques.

1° Ehrlich faisait vivre une grenouille dans une solution faible de bleu méthylène que l'on renouvelait tous les jours. Au bout de huit jours, l'animal, qui supportait d'ailleurs très bien ces nouvelles conditions, prenait une teinte bleue très nette. Le bain était décoloré et le batracien fixait le bleu dans ses tissus. Au moment où cette teinte bleue était manifeste, l'animal vivant était porté sous le microscope où on l'immobilisait. Ehrlich vit alors dans les membranes interdigitales de cette grenouille tous les nerfs dessinés avec une admirable netteté : fortement colorées en bleu, les cellules ganglionnaires montraient leur prolongement spinal coloré. Le bleu se fixe sur les tissus les plus oxygénés, les nerfs gustatifs, par exemple, qui sont très exposés à l'action de l'air atmosphérique. Les tissus les moins saturés d'oxygène se comportent vis-à-vis du bleu comme des agents réducteurs et le décolorent. Le système nerveux, richement oxygéné ne le réduit pas, le foie le réduit incomplètement.

Si dans l'expérience l'animal meurt sur la platine du microscope, toute la coloration se diffuse et le réseau nerveux s'efface aussitôt. C'est donc bien sur l'animal vivant seul que les nerfs présentent une couleur bleue sous l'influence de l'agent, si bien que les histologistes qui veulent l'utiliser sont obligés de rapidement la fixer par l'acide picrique ou la liqueur iodo-iodurée (méthode d'Ehrlich). Des injections intra-veineuses de doses toxiques de bleu de méthylène ont le même résultat.

Ehrlich admettait la même action colorante chez les

animaux qui absorbent des doses thérapeutiques de bleu de méthylène soit par la voie stomacale, soit par la voie hypodermique. Mais dans ces conditions Combemale n'a jamais constaté la coloration des cylindres d'axe. Tous autres ont été ses résultats chez les animaux intoxiqués. Si on avait fait des injections hypodermiques, il y avait au point de la piqûre une coloration bleue intense qui, traversant les parois musculaires de l'abdomen et le péritoine, s'était répandue dans la grande cavité où elle s'étendait à la plupart des organes, le foie excepté. Les reins étaient rouges à la coupe et la coloration bleue y était peu marquée. Dans la cavité thoracique les poumons sur une épaisseur de plusieurs millimètres à partir de la cavité pleurale étaient également teintés en bleu pâle, le centre de l'organe était épargné. Dans le cœur et les artères l'endocarde et le tissu musculaire présentaient cette même coloration. Enfin les centres nerveux, l'encéphale en particulier, dans leur partie grise étaient imprégnés de la même coloration bleue.

Pour connaître la coloration des diverses parties du tube digestif, M. Berthier a fait quelques expériences.

I. — Deux cobayes sont nourris pendant quinze jours avec du son arrosé d'une solution de bleu de méthylène au 1/100. L'urine et les matières fécales sont fortement colorées en bleu. Les cobayes se portent bien et continuent à prendre du poids tout autant que des cobayes témoins. Au bout de ce laps de temps ils sont sacrifiés. La bile, la vessie et le système nerveux sont colorés.

Dans l'estomac, les régions du cardia et du pylore surtout ont fixé le bleu ; l'intestin lui aussi est fortement coloré et les vaisseaux péritonéaux et mésentériques dessinent un réseau violacé.

L'épithélium de la muqueuse recueilli par le grattage est examiné dans la glycérine. Des coupes de la paroi stomacale durcie par congélation sont également soumises à l'examen histologique avec les précautions voulues pour éviter la dissolution du bleu. Les cellules épithéliales ne présentent pas de coloration ni dans leur noyau, ni dans leur protoplasma (juillet 1894).

II. — Dans l'estomac de deux lapins on injecte tous les jours 50 grammes de la solution de bleu de méthylène au 1/100 ; on le fait à l'aide d'une sonde urétrale introduite dans l'œsophage, et pour cela les mâchoires de l'animal sont maintenues écartées par un cube en liège percé d'un trou au travers duquel passe la sonde. Au bout de quinze jours les lapins sont sacrifiés. L'aspect macroscopique des organes rappelle celui des cobayes dans les expériences précédentes. Des lambeaux de la muqueuse stomacale détachés avec une pince sont étalés sur une lamelle ; examinés par transparence, ils ne laissent voir ni cellules ni plexus nerveux colorés (juin 1895).

De ces deux groupes d'expériences nous pouvons conclure que l'ingestion de doses thérapeutiques de bleu de méthylène ne colore pas les éléments de la paroi stomacale.

2° Le bleu de méthylène colore-t-il les micro-organismes? Il faut à ce sujet distinguer : *a)* la coloration expérimentale des microbes *in vitro*, et *b)* celle des microbes vivant dans l'économie.

a) Tout le monde sait depuis Weigert que dans les laboratoires bactériologiques le bleu de méthylène colore fortement les microbes, les uns plus que les autres. C'est ainsi que *in vitro* les plasmodies globulaires de Marchiofava et Celli se colorent très facilement au sein du globule sanguin (d'Aulnay).

b) Les microbes peuvent-ils aussi bien se colorer tant qu'ils sont dans l'organisme? Ici les contradictions abondent. Tandis qu'Ehrlich prétend que les hématozoaires par exemple sont colorés quand on administre du bleu médicinal aux paludéens, Laveran n'a pu les voir colorés chez deux pigeons qui en possédaient. Il est pourtant probable que les couleurs d'aniline véhiculées par le sang colorent les microbes qu'il contient et en particulier les trois sortes de corps kystiques qu'a décrits Laveran (d'Aulnay).

Pouvoir antiseptique. — Les couleurs d'aniline, le bleu de méthylène en particulier, peuvent non seulement colorer les microbes mais aussi les tuer. Aussi après les avoir d'abord employées pour les recherches bactériologiques, leur demande-t-on maintenant au lieu de déceler les microbes d'en arrêter le développement et cette idée nous semble *a priori* assez naturelle (Leflaive).

Stilling, de Strasbourg, avait remarqué le premier sous le microscope que les bactéries plongées dans un milieu renfermant des couleurs d'aniline en dissolution absorbent la matière colorante qui les tue si la solution est assez concentrée. Il y a, ajoute-t-il, un rapport étroit entre l'action microbicide de ces couleurs et la facilité avec laquelle les microbes se laissent colorer.

Poursuivant la même idée, d'autres savants et de tous pays ne tardèrent pas à reconnaître eux aussi que les microbes imprégnés de couleurs d'aniline ne tardent pas dans certaines conditions à être tués. Sur ce point l'accord est parfait. Mais, de toutes ces couleurs quelle est celle qui a le plus de pouvoir sur les microbes tout en étant la moins toxique pour l'homme? Selon Stilling, qui a expérimenté sur les cobayes, la plus microbicide et la moins toxique c'est le violet de méthyle. C'est aussi l'opinion qu'émettent, en 1890, G. Sée et Moreau.

La question en 1891 est éclairée d'un jour nouveau par des expériences fort bien conduites et tout à fait probantes de MM. Hugounenq et Eraud. Ils étudient, pour les comparer, l'action de certaines matières colorantes dérivées de l'aniline sur la virulence et le développement de quelques microbes et ils choisissent le *bacillus anthracis*, le *staphylococcus pyogenes aureus* et le *gonocoque*.

Parmi les couleurs d'aniline ils arrivent ainsi à établir une échelle de toxicité décroissante par rapport aux microbes étudiés ; ils considèrent comme la plus active le bleu de méthylène. Voici les résultats qu'ils en obtiennent :

Deux ballons sont ensemencés, l'un avec la bactérie pyogène, l'autre avec le gonocoque ; le premier a reçu quinze gouttes d'une solution de bleu de méthylène à 2 pour 1000 soit 0gr,0015, le second, une dose double.

Ces ballons mis à l'étuve ne donnent lieu à aucune culture, ce qui est contrôlé par l'examen microscopique et l'ensemencement de la matière stérilisée.

On injecte alors sous la peau d'un cobaye, près de trois quarts de centimètre cube d'une culture de staphylocoque pyogène, ce qui donne lieu les jours suivants à un abcès. La même culture mise en contact, pendant six heures, avec huit gouttes d'une solution à 2 pour 1000 de bleu de méthylène, soit 0gr,008, injectée sous la peau d'un autre cobaye, donne lieu les jours suivants à un noyau d'empâtement douloureux à la pression et qui ne suppure pas.

Une autre culture de staphylococcus datant de quarante-huit heures et mise en contact avec quinze gouttes d'une solution à 2 pour 1000 de bleu de méthylène provoque la formation d'un noyau douloureux à la pression, mais moins considérable que dans le cas précédent. L'injection faite avec la même solution pure aurait produit un résultat identique.

L'examen microscopique montre les microbes colorés mais jouissant de leurs mouvements propres, même au bout de trois ou quatre jours. L'action de la matière colorante paraît s'exercer au bout d'un temps très court ; il s'agit d'une fixation chimique, d'une véritable teinture. La vitalité des microbes après un contact peu prolongé d'une solution faible ne semble pas atteinte ; c'est ainsi que les trois ballons de culture (staphylocoque, charbon, gonocoque) ont été additionnés de trente gouttes de bleu de méthylène, puis laissés en contact vingt-quatre heures. Si on réensemence des ballons neufs avec l'une de ces cultures colorées on obtient une culture nouvelle qui ne diffère en rien des cultures ordinaires.

MM. Hugounenq et Eraud en arrivent à conclure :

1° Le bleu de méthylène paraît s'opposer au développement des microbes étudiés;

2° Il semble atténuer leur virulence sans atteindre leur vitalité, quand son action s'exerce en solution étendue et pendant un temps assez court. Mais si, au contraire, le contact du microbe et de la couleur se prolonge, si la solution se concentre, non seulement la virulence, mais encore la vitalité du microbe semblent frappées.

D'après ces intéressantes recherches, on peut admettre que le bleu de méthylène a une action antiseptique incontestable et qu'à ce point de vue la médecine en peut tirer quelque profit.

CHAPITRE III

mplois thérapeutiques du bleu de méthylène.

Du jour où Ehrlich eût démontré qu'il n'était pas toxique, le bleu de méthylène commençait à être employé en thérapeutique. Depuis, sa nouveauté lui a valu un moment de vogue et l'a fait appliquer aux affections les plus disparates. Après en avoir abusé, on tend à le délaisser. Entre les deux extrêmes, il est, croyons-nous, un juste milieu ; il nous semble qu'en certains cas il peut fournir au médecin un auxiliaire utile.

Pour le démontrer nous passerons en revue les diverses tentatives qu'il a provoquées. Tout en nous efforçant d'être impartial, nous insisterons sur les résultats probants et nous l'étudierons surtout dans son emploi comme :

1° Analgésique ;

2° Antiseptique ;

3° Antimalarique.

En terminant, nous indiquerons les résultats qu'il a donnés dans :

4° Le traitement des tumeurs malignes.

§ 1. — Du bleu de méthylène comme analgésique.

C'est comme analgésique que le bleu de méthylène a été, pour la première fois, employé en thérapeutique. Ehrlich et Leppmann l'administrèrent à quarante prisonniers de la prison de Moabit qui présentaient des douleurs de diverses natures. Ils avaient soin d'éliminer toute cause d'erreur, telles que la suggestion ou la simulation. Ils disent avoir retiré du médicament, dont la pureté avait été contrôlée, un bénéfice certain dans les douleurs rhumatismales des muscles, jointures, gaines tendineuses et surtout dans les douleurs nerveuses. Ils ont eu de tels résultats qu'ils préférèrent le nouvel analgésique à l'antipyrine ; les avantages qu'il aurait sur elle sont, il est vrai, peu importants : il est moins cher et peut être administré par la voie hypodermique ? En outre, il ne provoquerait pas d'accoutumance.

L'action analgésique est toutefois un peu longue à se produire ; elle ne se manifeste guère qu'après la deuxième heure et dure alors longtemps, six à huit heures, si bien qu'il y aurait peut-être avantage à associer le bleu de méthylène à la morphine dont l'action apparaît vite, mais ne persiste pas longtemps.

Combemale, lui aussi, a administré le bleu de méthylène comme analgésique à une vingtaine de malades à l'occasion de phénomènes douloureux bien différents. Il l'a donné dans six cas de névralgies simples, névrites douloureuses, douleurs rhumatismales et douleurs d'origine centrale.

Dans les névralgies simples, le bleu de méthylène lui a

toujours réussi, que ce fussent des névralgies sciatique, intercostale, faciale ou lombo-abdominale. Dans les névrites et les douleurs d'origine centrale, telles que les douleurs en ceinture et la sciatique de l'ataxie, le résultat a été moins certain. Dans le rhumatisme aigu simple, surtout lorsqu'il s'agissait d'une première atteinte, le bleu de méthylène produisait son effet habituel, mais lorsqu'on avait affaire à une poussée aiguë de rhumatisme chronique ou à un état rhumatoïde par intoxication, par le plomb par exemple, cette substance ne produisait aucun effet sédatif. Enfin, dans les douleurs osseuses du mal de Pott cervical, le résultat est nul. Toutefois, dans cette catégorie de manifestations osseuses, un cas de douleurs ostéocopes et un cas d'hydarthrose traumatique ont été amendés par le bleu de méthylène. Il fait disparaître le seul symptôme douloureux. Le gonflement, la chaleur locale, la température centrale, ne sont nullement influencés. En somme, d'après Combemale, le bleu de méthylène se comporte comme un médicament nervin agissant surtout sur la douleur.

Immerwahr l'a vu échouer dans six cas de sciatique unilatérale; mais dans deux cas de névralgie trifaciale, il a suffi de 10 centigrammes pour obtenir la guérison définitive. Il a eu le même succès dans trois cas de migraine angiospatique. De même chez plusieurs malades atteints de céphalalgie purement nerveuse ou consécutive à des excès alcooliques, une dose de 10 centigrammes a pleinement réussi en l'espace d'une heure; deux sujets affectés de zona ont été aussi rapidement soulagés. Les douleurs du rhumatisme musculaire ont aussi été calmées en vingt-quatre heures chez un malade.

Gaillard n'a pas obtenu des résultats aussi constants. Il a employé le bleu de méthylène par la voie stomacale dans 11 cas, dont 4 névralgies, 1 arthralgie, 2 gastralgies, 2 céphalalgies, 2 myalgies ; il n'aurait eu que 4 résultats positifs, comprenant :

1° Une sciatique améliorée par des doses répétées de 10 centigrammes ;

2° Une névralgie trifaciale guérie par une dose de 60 centigrammes ;

3° Une myalgie disparue après une dose de 10 centigrammes ;

4° Une céphalalgie atténuée par une dose de 20 centigrammes.

Piotrowski va encore plus loin. Non seulement il reproche au bleu de méthylène de ne produire aucun soulagement dans la douleur, mais il l'accuse même de l'augmenter.

A Lyon, l'action analgésique du bleu de méthylène a été expérimentée par M. le professeur Teissier et M. le professeur Bondet; leurs résultats sont consignés dans la thèse de M. Dauphant (Lyon, 1891), qui n'est guère favorable au médicament. Pourtant dans un cas de sciatique rebelle dont la première atteinte remontait à dix-huit ans et avait duré quatre mois, et dont la deuxième remontait à cinq mois, il eut une guérison avec deux injections de 1 centigramme et une de 2 centigrammes. Il donne en outre quatre observations d'ataxie et deux de sciatiques ; dans toutes il y a eu tout d'abord une atténuation de la douleur ; mais le médicament semblait perdre peu à peu de son action et, au bout d'un intervalle variant de quelques jours à deux mois, il n'avait plus aucun effet. D'ailleurs la réaction locale au lieu des injections aboutissait parfois à des accidents et faisait souvent renoncer au traitement; les résultats ont été identiques dans trois cas de sciatique observés par M. Bondet ; dans un autre cas de sciatique et dans un cas de rhumatisme il y a eu un échec complet.

Lemoine (de Lille) a récemment expérimenté de nouveau le bleu de méthylène sur une grande échelle; il le prétend, lui, particulièrement indiqué chez les malades atteints de névralgie sciatique ainsi que chez les ataxiques. A la dose de 30 centigrammes il réussit, dit-il, à faire disparaître la sciatique en peu de jours, sauf quand il s'agit d'une névrite ; il est, dans ce cas, impuissant. A la même dose son action s'exerce sur les douleurs gastriques et fulgurantes des ataxiques.

Comment peut-on expliquer l'action analgésique du bleu de méthylène ?

Il y a deux théories : pour Ehrlich, elle est due à la coloration des fibres sensitives dont le fonctionnement se trouve ainsi modifié. Combemale, en 1890, acceptait cette explication. Mais, en 1891, il revient sur ce point et soutient que les nerfs ne se colorent que chez les têtards plongés dans la solution colorante ; ils ne se colorent pas dans les points éloignés de la piqûre chez un chien à qui on a injecté la dose toxique de 50 centigrammes de bleu de méthylène par kilogramme d'animal. En revanche, le sang de ce chien présente le spectre d'absorption de la méthémoglobine. Combemale en conclut que c'est dans le sang et non dans les nerfs que se passe le phénomène capital ; ce phénomène est la méthémoglobinisation. L'asphyxie intime des tissus suffirait seule à expliquer les phénomènes d'insensibilité progressive qui surviennent dans l'intoxication par le bleu de méthylène et son action analgésique. A ce point de vue, nous l'avons administré à une névropathe qui depuis longtemps avait des crises gastralgiques et nous avons obtenu une amélioration considérable (obs. I).

En somme, le bleu de méthylène nous semble avoir une action analgésique qui, pour ne pas être constante, n'en est pas moins réelle dans baucoup de cas. Sans vouloir, en aucune sorte, en élever la valeur au-dessus de celle de l'antipyrine ou de la morphine, nous croyons toutefois qu'il est bon de ne pas l'oublier et de lui demander, à l'occasion, les services qu'il peut rendre.

Observation I (personnelle).

Crises de gastralgie et vomissements; amélioration par le bleu de méthylène.

Marie S..., trente et un ans, vermicellière. Pas d'antécédents héréditaires. Mariée à vingt ans, elle a quatre enfants en bonne santé, sauf un qui est rachitique.

Réglée à l'âge de seize ans. A dix-huit ans, deux crises convulsives. A la même époque érysipèle ; la malade avait déjà des « crampes d'estomac » et des vomissements qui disparurent après son mariage. A vingt-cinq ans, anémie légère, règles irrégulières, les douleurs gastriques et les vomissements se reproduisent durant trois ou quatre mois.

Depuis deux ans, la malade se plaint, à certaines époques, de douleurs gastriques et elle a des vomissements. Au mois d'octobre dernier, sous l'influence d'un travail exagéré, sa maladie a augmenté et nous la voyons le 17 novembre 1895.

La malade est de constitution assez faible ; elle ne présente pas de stigmate d'hystérie, ni de signe de tuberculose. Pas d'alcoolisme.

L'appétit est conservé, mais la malade mange peu pour éviter les douleurs de la digestion. En effet, quelques heures après le repas, elle a des crises douloureuses au niveau de l'estomac. Elle mange à midi le matin, à 6 heures le soir, et ses douleurs apparaissent à 4 heures et à 8 heures ; elles siègent surtout au niveau du creux épigastrique et du rachis, la pression les exagère. La nature des aliments ingérés n'au aucune influence sur leur apparition. La crise dure une demi-heure ou une heure et elle se termine par un vomissement qui apparaît presque toujours. Ce vomissement est alimentaire, ne contenant jamais que les aliments du dernier repas. Il n'a pas un goût aigre bien accusé.

Pas de constipation.

Ratelier en assez mauvais état, langue bonne, pas de ballonnement stomacal. Douleur légère à la pression. Pas de dilatation.

Le chimisme stomacal, fait une heure après l'ingestion du repas d'épreuve d'Éwald (pain, eau), donne :

HCL = libre 0 — Acidité totale = 0,657

La malade a dû suspendre son travail il y a deux jours.

On ordonne du bleu de méthylène à la dose de 10 centigrammes par jour, 6 prises. On le fait prendre dans de petits tubes en gélatine (v. p. 57).

20 novembre. — La malade a pris le bleu de méthylène durant deux jours. Elle ressent depuis le commencement du traitement, une lourdeur de tête inaccoutumée. Les urines sont bleues, pas de ténesme. Elle a eu encore les crises, mais bien moins vives que ces derniers temps. Pas de vomissements.

21, 22, 23 novembre. — La malade ne prend pas son médicament.

24 novembre. — Les douleurs ont apparu de nouveau, bien plus vives que durant l'administration du bleu de méthylène, tout en étant moins violentes qu'avant le début du traitement.

25 novembre. — La malade prend chaque jour 20 centigrammes de bleu de méthylène toujours sous la même forme. Elle ne souffre presque pas, pas de céphalée.

27 novembre. — Pas de bleu de méthylène. Le soir, vers 8 heures, douleurs assez vives et vomissement, légèrement teinté en bleu.

28 novembre. — On redonne du bleu de méthylène, 10 centigrammes tous les jours.

Pas de vomissements, douleurs moins vives.

1er decembre. — Le médicament est suspendu, la malade s'en trouve bien, elle reprend son travail.

5 décembre. — L'amélioration persiste. La malade ne souffre à peu près pas, elle ne vomit pas, ne craint pas de manger. Elle se montre très satisfaite du traitement qui l'a beaucoup améliorée et qu'elle recommencera si les douleurs se produisent.

§ 2. **Du bleu de méthylène comme antiseptique.**

Depuis qu'en 1891 l'action antiseptique du bleu de méthylène a été étudiée par Stilling, en Allemagne, par MM. Hugounencq et Eraud, en France, il a été essayé dans beaucoup d'infections locales par Bresgen, Braunschweig, Liebreich. Il ne réussit qu'à la condition d'être appliqué pendant longtemps et en solution assez concentrée. Pour tuer les microbes, il faut, en effet, qu'il les colore d'une façon assez puissante.

Dans toutes les *inflammations de l'œil* ou de ses annexes (conjonctivite, kératite, dacryocystite) une solution à 1 pour 100 ou un crayon de bleu de méthylène à 1/10 ont donné des guérisons entre les mains de Stilling et de Petersen.

Etant donné son action microbicide et son élimination par les urines il était tout naturel de l'employer dans les diverses *affections des voies urinaires*

Du côté des reins il est capable, paraît-il, de guérir la

néphrite aiguë ; M. Gillet de Grandmon l'a employé avec succès chez un malade atteint de troubles de la vue par suite de rétinite brightique. Au quatrième jour, l'albuminurie, jusque-là très considérable, avait disparu et l'acuité visuelle était normale.

De même, Natchaief, de Moscou, a eu des succès dans trois cas de mal de Bright au début en donnant par jour 10 centigrammes en trois cachets. Dès le lendemain se manifeste une abondante diurèse ; de 858 centimètres cubes le volume de l'urine remonte à 3500 centimètres cubes ; en même temps, on voit s'amender tous les autres phénomènes : albuminurie, cylindres urinaires, ascite, œdèmes, symptômes du côté du cœur et des poumons. Le bleu de méthylène n'agit pas là comme un diurétique puisqu'il n'a point d'action sur les hydropisies d'origine cardiaque. Il exerce uniquement son action microbicide sur les germes infectieux et la diurèse n'est qu'un phénomène secondaire.

Dans les *pyélites* et les *cystites*, il a aussi donné de bons résultats entre les mains de Einhorn qui l'a employé après avoir remarqué l'imputrescibilité des urines qu'il colore.

Dans la *chylurie* due à la présence de la *filaria sanguinis hominis*, A. Flint, de New-York, l'a administré à la dose de 12 centigrammes répétée toutes les trois heures. Dès le premier jour l'urine devient limpide et ne renferme plus de parasites. Il suffirait de quinze jours de traitement pour rendre la guérison définitive. La malade, observée pendant un an, n'a pas eu de récidive.

Nous basant sur l'analogie de la filariose avec la *bilharziose*, nous avons eu l'idée de l'appliquer dans un cas de cette dernière affection. Nous donnons tous les jours deux cachets de 10 centigrammes. Le début du traitement est trop récent pour qu'il nous soit déjà possible d'en apprécier l'efficacité.

Il a donné aussi de bons résultats dans la *blennorragie*. Pris à l'intérieur à la dose de 50 centigrammes à 1 gramme par jour en plusieurs fois il donne de bons résultats surtout dans l'arthrite aiguë. Dans les blennorrhées anciennes les résultats sont moins favorables.

Quand on le donne en injections, son action est beaucoup plus certaine, mais comme le font remarquer MM. Hugounenq et Eraud, il faut, pour obtenir des résultats vraiment remarquables, se servir d'une solution au 1/150 ou au 1/200 et faire 10 à 15 injections par jour. Boinet et Tritingnam ont obtenu la guérison en dix jours de blenorragies rebelles à l'aide d'injections aqueuses à saturation et de 50 centigrammes pris à l'intérieur. M. le Dr Cordier l'a essayé, mais ne l'a pas adopté.

D'Aulnay l'a expérimenté surtout chez les femmes. Dans plusieurs cas de vaginite purulente, il a retiré de bons résultats de l'introduction dans le vagin de tampons imbibés d'une solution :

Bleu de méthylène.	10.000
Alun	15.000
Potasse	0.20
Eau	200

Au début et à la fin, il faisait un lavage au sublimé; la guérison est obtenue en huit jours et même en certain cas dans trois ou quatre jours. Ajoutons que dès le début les douleurs sont supprimées.

Le bleu de méthylène en solution a été aussi employé

dans diverses *inflammations de la bouche* et il a parfois donné de bons résultats.

D'Aulnay a guéri en trois jours, par des applications et des frictions énergiques faites avec une solution au 1/10, un cas de stomatite ulcéreuse survenue chez un typhique. De son côté Heimann, de Hall, a guéri un cas de ptyalisme avec salivation abondante.

Le bleu de méthylène a aussi à son actif des succès contre la *diphtérie*. Kasem-Beck a traité 14 cas d'angine diphtérique par des applications d'une solution au 1/10; il a eu 14 guérisons dont 4 seulement ont été suivies de paralysie. Beyer lui aussi s'en est bien trouvé.

Le bleu de méthylène aurait également une action efficace sur les *trajets fistuleux* en général (d'Aulnay et particulièrement sur les trajets consécutifs à l'opération de l'empyème (Althen). Il hâterait aussi la guérison des *plaies* les plus diverses telles que chancrelles, anthrax et ulcères variqueux (Brandenbourg). Dans la balanite surtout, M. le Dr Cordier nous a déclaré en avoir obtenu une très rapide guérison.

Après l'avoir employé dans les injections locales on est allé plus loin et on l'a essayé dans les maladies des plèvres et du poumon (pneumonie, pleurésie, tuberculose). Les résultats obtenus dans ces cas nous semblent peu probants pour ne pas dire qu'ils nous paraissent nuls. Le seul symptôme douleur a été naturellement amélioré.

Berck enfin s'est servi de bleu de méthylène comme *antiseptique opératoire* et les bons effets en ont été admis par Masini, Camers, Dyer, Villy, Meyer et niés par Le Dentu et par Richelot. Il aurait sur les autres antiseptiques l'avantage de ne pas être précipité par l'albumine.

Somme toute, le bleu de méthylène est un antiseptique et il peut dans certains cas bien déterminés agir comme tel, surtout à l'intérieur. En effet, pour l'usage externe, ils a l'inconvénient, comme le fait remarquer Ræloffs par sa coloration intense d'une part de marquer les détails des plaies, d'autre part de s'étendre aux mains du malade ou du médecin et de tacher le linge.

§ 3. **Du bleu de méthylène dans le traitement de la malaria.**

Ayant constaté chez les impaludiques à qui on administrait du bleu de méthylène une coloration des hématozoaires du sang, Ehrlich et Guttmann eurent l'idée de l'utiliser dans le traitement de l'infection palustre. Ils obtinrent, avec des doses de 50 centigrammes par capsule de 0gr,10 deux brillants résultats dont voici le résumé :

I. — Homme, fièvre tierce depuis cinq jours. On donne le médicament avant le début de l'accès qui est très bénin et ne se renouvelle pas. Au quatrième jour il n'y a plus de plasmodies. Rate diminuée, guérison absolue et persistante.

II.— Homme de cinquante-sept ans. Depuis trois semaines accès quotidiens. Après l'administration du bleu de méthylène, deux accès faibles. Les plasmodies ne disparaissent qu'au huitième jour. Le traitement est continué pendant quatorze jours. On observe le malade pendant un mois. Pas de récidive ; guérison parfaite.

Laveran contestait, en 1892, l'action du bleu de méthylène sur la malaria. S'appuyant sur des idées théoriques, il soutient que, même si le bleu de méthylène pouvait colorer les hématozoaires du sang, il ne faudrait pas en conclure qu'il est capable de les tuer. D'ailleurs, selon lui, il ne les colore pas, comme il l'a constaté chez deux pigeons à hématozoaires qui avaient pris jusqu'à 10 centigrammes du médicament. D'ailleurs, il a traité sans succès, avec des doses de 30 à 40 centigrammes par jour, deux paludiques.

Mais depuis cette époque, le bleu de méthylène a été souvent employé contre la malaria et, toujours avec succès, si l'on en excepte les quelques cas où Strasmann l'aurait administré sans résultats contre les accès des femmes en couches.

Tritingnam, qui d'ailleurs conteste la priorité de l'application à Ehrlich, l'a employé dans le Delta du Gange et en a pris lui-même jusqu'à 3 grammes par jour. Avec Boinet, il relate deux observations d'impaludisme ancien amélioré et trois cas d'impaludisme récent, parmi lesquels deux auraient résisté à 3 grammes de bromhydrate de quinine, rapidement guéris de bleu de méthylène.

Parenski et Blatteis ont eu à Cracovie, 33 guérisons complètes sur 35 cas de malaria. Ils administraient le bleu de méthylène soit par la bouche aux doses de 40 à 50 centigrammes répétées deux ou trois fois par jour ou par la voie hypodermique en injectant deux fois par jour le contenu d'une seringue de Pravaz remplie d'une solution de 15 à 10 pour 100. Les résultats après quatre ou cinq injections se manifestent sur les phénomènes douloureux, puis sur les accès fébriles, l'hyperthrophie de la rate et le nombre des plasmodies.

Clemente Ferreira, de Rio-Janeiro, l'a expérimenté sur une grande échelle à la policlinique des enfants du Dr Moncorvo. Il l'a employé dans 40 cas dont il rapporte les 20 plus significatifs ; avec de 10 à 20 centigrammes de bleu de méthylène, il a eu chez ses petits malades des résultats là où la quinine avait quelquefois échoué. Lui aussi constate que les formes anciennes sont plus rebelles que les formes récentes. De même, Hudleston à New-York Hospital a administré le bleu de méthylène à trois petites filles atteintes de fièvre intermittente et les a guéries en quatre jours.

Kasem-Beck, de Kasan, a traité avec succès trente malades atteints d'impaludisme ayant antérieurement résisté à une foule de médicaments réputés antimalariques ; quinine, phénacétine, chlorure d'ammonium, eucalyptus, etc.

Il employait la formule :

Bleu de méthylène.	0,10
Noix muscade pulvérisée. . .	0,18

Mêlez, pour un cachet, faites douze cachets semblables, en prendre 4 ou 5 par jour.

La noix muscade avait pour but d'éviter le ténesme vésical. Il a eu aussi trois succès dans trois cas de fièvre larvée comprenant un cas de douleurs oculaires, un autre de névralgie du trijumeau dans lequel la quinine avait fini par être impuissante et un troisième de céphalalgie.

Dabrowski confirme ces résultats. Dans six cas traités, cinq malades guérirent en quelques jours ; la fièvre et les plasmodies disparurent ; la rate devint normale.

Tahyer en Amérique le donne à tous ses paludiques à la dose de 6 centigrammes continuée pendant quatorze ou quinze jours. Il agirait d'après lui à la période aiguë et chronique. Il le préfère à la quinine.

Nombreux sont encore les autres succès que le bleu de méthylène a fournis dans les fièvres paludéennes entre les mains de Bourdillon, Mya, Tissier Vittakes, Oswer,

Nous ne pouvons les donner tous, même en résumé.

Comment le bleu de méthylène agit-il dans les fièvres palustres? Selon Ehrlich et Guttmann il tue les hématozoaires en les colorant. Ferreira adopte cette manière de voir. La plupart des expérimentateurs disent d'ailleurs avoir contrôlé le fait. Moncorvò[1] lui n'a pu constater la disparition graduelle des germes. Selon Drabowski le médicament n'agit pas sur les plasmodies; c'est le sang qu'il modifie, le rendant impropre à la vie des parasites.

De tous les cas rapportés il nous semble ressortir que le bleu de méthylène a une action sérieuse sur la malaria. Ce n'est pas qu'elle soit absolument constante : il est des cas où il échoue et Guttmann est le premier à le reconnaître. Pourquoi? il est difficile de le dire. On ne saurait s'en prendre à la résistance particulière des plasmodies de forme semi-lunaire à l'égard des agents thérapeutiques, puisque Laveran a prouvé que les plasmodies, quelle que soit leur forme, constituent une seule et même espèce.

L'opiniâtreté de quelques types de l'intoxication malarienne, l'impuissance dans certains cas de la quinine, les difficultés évidentes que l'on rencontre quelquefois dans l'administration de ce médicament rendent utile à côté des sels de quinine un succédané que nous croyons trouver précieux dans le bleu de méthylène.

On doit le donner à la dose de 10 à 25 centigr.

[1] Moncorvo vante le bleu de méthylène contre la malaria des enfants, dans un mémoire que publie actuellement la *Gazette hebdomadaire* (7 décembre 95). Il donne six nouvelles observations, prises parmi beaucoup d'autres. Il insiste sur la tolérance toute particulière des enfants pour le médicament.

chez les enfants, et à celle de 40 à 60 centigr. et plus chez les adultes. Il est bon, pour avoir un résultat persistant, de continuer le traitement deux ou trois semaines.

§ 4. Du bleu de méthylène dans le traitement des tumeurs malignes.

Se fondant sur la prétendue découverte des spores et des coccidies dans les tumeurs malignes, on eut l'idée à Vienne de demander leur guérison aux couleurs d'aniline désignées alors sous le nom de pioctanines. Von Mosetig-Moorhof fit le premier des recherches sur leur mode d'action le plus efficace ; il en conclut que le bleu de méthylène pouvait être avantageusement employé et qu'il fallait préférer les injections interstitielles faites dans les tumeurs à quarante-huit heures d'intervalle. Quelquefois au lieu de bleu de méthylène il employait le violet de méthyle. Le succès fut tout d'abord rebelle et même dans quelques cas, il faut l'avouer, ces piqûres semblèrent accélérer la marche du néoplasme.

Mais l'administration pure et simple du bleu de méthylène à l'intérieur donnait au contraire entre les mains de Rudish et Einhorn quelques bons résultats dans les tumeurs inopérables. Ils soignèrent de la sorte une femme de quarante ans présentant un cancer de l'utérus et des ovaires de la grosseur d'une tête humaine avec cachexie et anasarque. L'appétit était nul ; les douleurs très vives et le pouls faible (110 pulsations). Peu de jours après l'administration de 20 centigrammes de bleu de méthylène en capsules, l'amélioration devenait manifeste : il n'y avait plus de douleurs et la malade pouvait un peu manger ; trois semaines après, l'anasarque avait disparu et le volume de la tumeur avait diminué. Etait-ce un commencement de guérison ? On ne saurait l'affirmer.

V. Mosetig-Moorhof lui-même délaissait les injections interstitielles pour l'administration du bleu de méthylène à l'intérieur. En 1894, chez une femme atteinte d'un cancer villeux de la vésicule biliaire, après avoir enlevé à la cuiller les masses cancéreuses, il faisait prendre tous les jours 60 centigrammes de bleu de méthylène en pilules ; concurremment il introduisait tous les deux jours un crayon de bleu dans la plaie ; il aurait obtenu en deux mois une guérison complète.

Cependant en 1893, Lindner avait repris la méthode des injections interstitielles, chez une femme qui présentait une volumineuse tumeur élastique, fluctuante, régulière et immobile ayant envahi la région temporale gauche, l'arcade zygomatique et une partie de la joue. Sous l'influence d'une injection faite tous les jours en un point de la périphérie du néoplasme, les ulcérations qu'il présentait se fermèrent et le volume diminua. Le traitement avait provoqué un gonflement local considérable et une fois il y avait même eu un abcès.

A Lyon, M. le professeur Bondet d'une part, M. le Dr Cordier de l'autre ont essayé les injections intra-utérines et les crayons de bleu de méthylène dans les cancers de l'utérus sans en retirer un bénéfice bien appréciable.

Le bleu de méthylène paraît avoir un meilleur effet sur les cancroïdes de la face. En l'appliquant en poudre, Duany-Soler, de la Rochelle, guérissait, en 1893, un homme de cinquante-quatre ans qui avait un cancroïde ayant envahi les deux tiers de l'aile droite du nez, douloureux, ulcéré, à marche envahissante. Après deux mois, la guérison était, paraît-il, complète, la cicatrice n'était même pas apparente et il n'y avait plus de douleur.

En même temps Darier présente à la Société de chirurgie cinq malades autrefois atteints d'épithéliome des paupières et guéris dans un temps très court. Mais alternativement avec le bleu de méthylène il faisait des attouchements avec l'acide chromique, de telle sorte qu'on ne saurait, ce nous semble, attribuer les résultats à une des substances plutôt qu'à l'autre. Abadie qui a constaté lui aussi l'heureuse action du bleu de méthylène l'a rendue plus évidente en remplaçant l'acide chromique par une simple pâte arsénicale.

Darier vante beaucoup le nouveau médicament et décrit minutieusement sa méthode qui aurait l'avantage de ne pas être douloureuse et d'amener une guérison rapide sans laisser de cicatrice difforme. Après avoir débarrassé au moyen d'un cataplasme antiseptique la surface ulcérée des croûtes qui la recouvrent, et l'avoir insensibilisée par l'application d'une compresse trempée dans une solution de cocaïne au 1/10, il la badigeonne avec un fin pinceau imbibé d'une solution concentrée de bleu de méthylène (1 gr. pour 5 gr. d'alcool et 5 gr. de glycérine). Il touche alors très légèrement toutes les parties teintées en bleu avec un stylet trempé dans une solution au 1/5 d'acide chromique. Il se produit une réaction pourpre, après quoi on applique encore une fois du bleu de méthylène. Les pansements consécutifs consistent en cataplasmes de fécule qui empêchent la formation de croûtes. Les attouchements sont répétés quatre ou cinq fois à deux jours d'intervalle, puis on ne sert plus que du bleu de méthylène jusqu'au jour où le derme réformé n'absorbe plus la couleur. Le traitement dure de trois semaines à deux mois (un mois par centimètre carré).

Les résultats immédiats obtenus par ce traitement semblent rapides et brillants. Sont-ils durables? Ils sont trop récents pour l'affirmer puisque les récidives peuvent se montrer jusqu'à la quatrième année; sans doute le traitement est si simple et si rapidement efficace qu'il est fait pour séduire. Est-ce à dire qu'il faut toujours l'appliquer et ne jamais avoir recours au bistouri? Nous ne le pensons pas. Toutes les fois que l'opération sera facile ou même possible c'est d'elle qu'il faudra attendre la guérison.

Nous tenons de M. le Dr Cordier, qui a employé le bleu de méthylène bien souvent, que, si au début les résultats sont brillants, ils ne sont guère durables. Il ne faut donc pas se laisser tromper. Mais, par contre, dans les épithéliomes inopérables le bleu de méthylène en solution aqueuse au 1/10 est un excellent pansement. Non seulement il retarde sensiblement la marche envahissante du mal, mais il supprime les douleurs et enlève au néoplasme toute odeur mauvaise. Nous en donnons deux observations.

Comment expliquer l'action du bleu de méthylène sur les tumeurs malignes?

Pour Darier, il aurait une action spécifique sur les éléments cancéreux. D'après Nanu, quand il est administré en injections intestitielles, il provoquerait des thromboses dans les vaisseaux des tissus malades seuls; l'œdème qui en résulterait aurait pour conséquence d'amener la mortification des tissus malades sans jamais atteindre les tissus sains.

Il nous semble plus admissible que le bleu de méthylène agit simplement par son action antiseptique qui empêche les infections secondaires et par son action analgésique qui supprime les douleurs; c'est là l'opinion de Belloti et de Billroth qui à ce point de vue en ont retiré des effets avantageux.

Pour ce qui est de la diminution du volume des tumeurs sarcomateuses non ulcérées, il faut peut-être l'attribuer à la disparition de leur élément leucocytique que pourraient provoquer toutes les injections interstitielles essayées contre le cancer.

Somme toute, s'il ne faut pas attendre du bleu de méthylène une guérison réelle et définitive du cancer, on doit rechercher dans l'usage de ce médicament un soulagement des malades et un ralentissement de la marche du mal.

Observation II (personnelle).

(Recueillie dans le service de M. le Dr Cordier).

Epithélioma du nez remontant à six ans.— Opéré il y a cinq ans ; récidive sur place deux mois après. — Marche envahissante arrêtée par le bleu de méthylène. — Amélioration.

L. C.., âgée de quarante-trois ans, ménagère, est entrée il y a huit jours à l'hospice de l'Antiquaille, dans le service de M. le Dr Cordier, pour une vaste ulcération du nez et de la joue.

Ses parents sont morts tous les deux d'apoplexie. Dans ses antécédents personnels on note des érysipèles à répétition avant son mariage. Son mari est mort de tuberculose. Une fille morte à vingt-deux mois de rougeole; un fils âgé de vingt ans, se porte bien. Pas de signes de tuberculose. Pas de syphilis.

Il y a six ans, au niveau de la partie la plus élevée de l'aile droite du nez, apparaît un « petit bouton » indolore qui se met à grossir peu à peu. En se lavant, la malade l'écorche et il se forme une ulcération qui se couvre de croûtes, la malade les arrache et l'ulcération gagne en surface. Six mois après le début, la malade se décide à consulter un médecin qui pratique une opération. Au bout de deux mois, la cicatrisation est presque complète, mais il persiste encore une petite plaie sur laquelle la malade met toute espèce de drogues irritantes. Au lieu d'achever de se fermer, cette ulcération se met à s'étendre, elle atteint la grandeur d'une pièce d'1 franc, et la malade vient faire un séjour de deux mois à la Clinique de l'Antiquaille. C'était il y a cinq ans. On ne l'opère pas et on se contente de la panser. Pas d'amélioration.

Au mois de septembre dernier, elle est entrée pour la première fois dans le service. Elle avait alors une immense ulcération ayant détruit presque tout le nez s'étendant sur la joue droite et remontant entre les deux sourcils.

On fait des badigeonnages avec une solution de bleu de méthylène à 1/10. Sous leur influence, les bourgeons qui bordaient la plaie disparaissent, et l'ulcération jusque-là rapidement envahissante cesse de s'étendre. La malade, au mois de février, sort de l'hôpital et continue chez elle son traitement, qui, à son avis, l'a notablement améliorée.

Il y a huit jours, elle entre de nouveau pour le suivre d'une façon plus rigoureuse. Depuis, on fait tous les jours un badigeonnage avec la solution à 1/10.

27 novembre 1895. — Quand nous examinons la malade, nous constatons une vaste ulcération triangulaire qui a détruit tout le côté droit du nez, empiétant sur le côté gauche et aussi sur la joue droite.

Cette ulcération remonte sur le dos du nez où elle se termine entre les deux sourcils par une ligne horizontale ; de là, son bord gauche descend obliquement jusqu'au point de réunion de l'aile gauche du nez et de la lèvre ; en bas elle est limitée par une ligne qui va de ce point jusqu'à la saillie malaire droite ; enfin, sa limite est complétée par une ligne qui va de ce dernier point jusqu'au grand angle de l'œil droit. Le nez est donc détruit presque en totalité ; on voit l'ouverture antérieure des fosses nasales, et la cloison est en partie disparue.

Les bords sont le siège d'une légère induration marquée surtout au niveau du malaire droit, où la peau est adhérente à l'os. Cette induration a d'ailleurs bien diminué depuis huit jours ; il y avait à son entrée autour de la plaie un épais bourrelet marqué surtout entre les deux sourcils. Il a aujourd'hui disparu.

Sur ce qui reste de la partie gauche du nez, il existe une deuxième ulcération dans laquelle pourrait se loger un petit pois. Autrefois réunie à la grande, elle en est séparée aujourd'hui par une petite bande cicatricielle large de 2 millimètres ; cette ulcération est en voie de cicatrisation.

L'examen de la surface de l'ulcération est difficile à cause de la coloration bleu foncé que lui donne la solution de bleu de méthylène. Un peu au-dessous de l'angle de l'œil, elle est horizontalement traversée par une bande cicatricielle large de 8 millimètres environ, lisse et brillante, sur laquelle on ne met plus de solution. Cette bande s'est formée sous l'influence du traitement, et elle s'élargit peu à peu. Par sa rétraction, elle attire en bas et en dedans le grand angle de l'œil droit.

Au niveau du malaire droit, dans l'angle formé par la rencontre de deux des bords de la plaie, on voit un tissu de cicatrice large de 7 millimètres environ, masqué un peu par le bleu. On trouve enfin tout le long des bords, un petit liseré cicatriciel, indiquant que l'ulcération est plutôt en voie de régression.

La malade n'a jamais souffert. Il n'y a pas de ganglions. L'état général est bon.

Observation III (Résumée, inédite).

(Due à l'obligeance de notre camarade et ami, le Dr A. Gauthier).

Carcinome de la langue opéré. — Récidives. — Douleurs très vives. — Haleine fétide. — Traitement par le bleu de méthylène. — Amélioration locale. — Mort par généralisation.

B..., banquier.

Pas d'antécédents. Constitution très robuste.

Dans l'hiver 1892, à l'âge de cinquante-quatre ans, petite ulcération linguale unilatérale, qui s'étend très rapidement ; en même temps les ganglions sous-maxillaires du même côté s'indurent. M. le professeur Pollosson fait le diagnostic d'épithélioma et pratique une opération (amputation d'une partie de la langue ; extirpation des ganglions). Rétablissement rapide; excellente santé pendant un an et demi.

En avril 1894, récidive : bourgeons cancéreux au niveau de la cicatrice opératoire. Bouche infecte, appétit nul. On fait deux ou trois fois par jour un badigeonnage avec une solution aqueuse de bleu de méthylène au 1/10. Quelques jours après, les bourgeons ont déjà meilleur aspect ; la suppuration qui était assez abondante est devenue nulle. L'haleine n'est plus fétide, ni la bouche mauvaise. L'appétit n'est pas considérable, mais il n'y a plus de dégoût pour les aliments.

Les badigeonnages ont toujours été régulièrement continués. L'ulcération n'a plus fait de progrès ni en étendue ni en profondeur. Les douleurs au niveau de la langue, très vives avant l'emploi du bleu de méthylène ont totalement disparu. Douleurs lancinantes le long de la colonne vertébrale et des membres inférieurs qui sont à peu près complètement paralysés.

En décembre 1894, mort par généralisation, à la moelle en particulier.

DEUXIÈME PARTIE

CHAPITRE IV

Traitement de l'hyperchlorhydrie par le bleu de méthylène.

Toutes les fois que le diagnostic d'hyperchlorhydrie est posé on songe à appliquer le traitement par les alcalins qui en sont considérés comme le remède par excellence. C'est là un traitement bien rationnel en apparence puisqu'il se propose de saturer l'acide chlorhydrique, seule cause de tout le mal. C'est l'acide chlorhydrique en excès qui détermine la crise gastralgique en irritant la muqueuse. Aussi donne-t-on de préférence du bicarbonate de soude à doses élevées, 8 à 16 grammes en vingt-quatre heures. Sous l'influence de cette médication alcaline que M. Bouveret prescrit trois semaines par mois, plusieurs mois consécutivement, on voit disparaître les douleurs, les régurgitations acides et les vomissements. Un régime convenable et le repos général sont les adjuvants indispensables de la médication alcaline, en supprimant toutes les causes d'excitation de la sécrétion gastrique.

A la vérité ce traitement n'est rationnel qu'en apparence. Il y a longtemps que P. Bert nous a fait connaître l'action excitante des alcalins sur la sécrétion gastrique. Cl. Bernard faisait aussi remarquer que si l'eau alcaline sature une partie des acides de l'estomac, elle a pour conséquence, si elle est tant soit peu en excès, une nouvelle sécrétion gastrique.

Les très intéressantes recherches de MM. Linossier et Lemoine ont fixé davantage la question. Mettant à profit un cas de mérycisme, ils ont vu que l'action du bicarbonate de soude est excitante quelle que soit la dose employée. Le bicarbonate neutralise l'acide au fur et à mesure de sa production. Lorsque toute la dose ingérée à été décomposée, l'estomac continue à sécréter de l'acide jusqu'à ce que le chyme ait récupéré son acidité habituelle. Pour en arriver là, l'estomac est donc obligé de forcer sa production en HCl. Il en résulte une véritable hypersécrétion chlorhydrique, une sorte de surmenage réflexe de la sécrétion qui doit fournir le milieu acide indispensable à la peptonisation. Et le résultat est atteint d'autant plus difficilement que le bicarbonate a été donné à une dose plus forte. Cependant lorsque la dose a été massive, l'énergie sécrétoire est dépassée et l'état d'acidité reste inférieure ou même le chyme demeure alcalin tout l'acide ayant été employé à saturer le bicarbonate (Linossier et Lemoine). Mais pour obtenir ce résultat on a épuisé la sécrétion gastrique et ce n'est pas sans inconvénients. Pour amener à guérison un organe qui travaille trop, il ne paraît pas rationnel de le faire travailler encore davantage, de le surmener. Ne risque-t-on pas de prolonger indéfiniment la maladie ou même d'aboutir pour plus tard à l'hypochlorhydrie. Telle n'est pas la méthode rationnelle de traitement : elle consisterait plutôt, comme l'a fait M. le professeur Lépine, à condamner l'estomac au repos absolu pour le soustraire à toutes les causes d'excitation.

Mais c'est là une condition bien difficile à remplir. N'y aurait-il pas un autre traitement, rationnel lui aussi mais plus facilement applicable, et la cause intime du processus morbide ne peut-elle pas nous fournir la clef du problème posé ?

L'origine de l'acide chlorhydrique du suc gastrique est sans doute très obscure. Pourtant il est généralement admis aujourd'hui qu'on doit rejeter l'opinion de Hayem qui voudrait que les chlorures soient sécrétés par l'estomac et décomposés au contact des aliments par une sorte de fermentation. Il est probable que l'acide chlorhydrique est le produit d'élaboration des cellules glandulaires (Edinger). Quoi qu'il en soit, il semble certain que cette production est réglée par le système nerveux et plus particulièrement par l'innervation intrinsèque de la paroi. Nous sommes ici à la source même de l'hyperchlorhydrie, qu'on peut légitimement considérer comme l'exagération du processus physiologique.

Le bleu de méthylène, selon M. Berthier, semble théoriquement posséder les qualités nécessaires pour réduire l'hyperchlorhydrie. Si le processus consiste en un acte cellulaire, n'a-t-on pas chance, en mettant le bleu en présence de la muqueuse gastrique, de colorer les éléments cellulaires sécréteurs. Et de même que par une coloration faible de certains microbes on diminue leurs mouvements et par conséquent leur vitalité, ne peut-on pas d'une façon analogue diminuer la fonction de la cellule glandulaire?

En outre le bleu de méthylène, en colorant comme l'a vu Ehrlich les ramifications nerveuses, ne peut-il pas modifier le réflexe qui dirige la production de l'acide chlorhydrique?

Les résultats cliniques vinrent corroborer cette manière de voir qui nous était exposée par M. Berthier : un premier malade fut soumis au traitement (obs. IV). Comme il s'agissait d'obtenir une action topique sur la paroi stomacale afin d'imprégner les cellules de revêtement et les plexus nerveux, il importait de réaliser un contact aussi direct et aussi étendu que possible avec la paroi. D'où la nécessité de faire prendre le bleu en solution et en dehors des repas pour éviter le mélange avec les aliments. Pour colorer sa bouche le moins possible le malade aspirait la solution avec un chalumeau. Dès que le traitement fut institué la cessation de tous les accidents fut presque immédiate et l'acide chlorhydrique diminuait.

C'est alors que, pour vérifier l'hypothèse, M. Berthier institua les quelques expériences qui ont été décrites plus haut. Ni les cellules, ni les cylindres nerveux de la muqueuse stomacale ne se colorent par l'ingestion du bleu de méthylène. Comment alors comprendre la cessation des accidents et la diminution de l'acide chlorhydrique. Et d'abord de ce que la coloration échappe à nos moyens d'investigation, on ne saurait conclure que le nerf n'a subi aucune modification chimique. Ces réserves faites, il est fort possible que le bleu de méthylène agisse ici en vertu de son action sédative sur le système nerveux. MM. P. Sollier et Parmentier ont en effet prouvé qu'on peut dans une large mesure intervenir sur la marche de la digestion en modifiant la sensibilité de l'estomac ; la suppression de la sensibilité se traduit par une modification parallèle des phénomènes chimiques qui sont modérés et retardés. Si bien que la morphine diminuant la production de l'HCl, a été employée dans le traitement de l'hyperchlorhydrie.

Dans un deuxième cas (obs. V) nous avons renouvelé les tentatives et obtenu les mêmes résultats. Mais, cette fois-ci, nous avons modifié le mode d'administration qui exposait à faire refuser par les malades le bleu de méthylène ; la coloration bleue de la bouche est, en effet, un réel inconvénient. Voulant opérer la solution dans l'estomac, et non plus en dehors de l'organisme, nous donnions le bleu en cachets qui étaient avalés avec un demi-verre d'eau ; au lieu de l'amélioration attendue nous n'eûmes aucune modification appréciable du chimisme stomacal. La raison ne fut pas difficile à dévoiler. Nous fîmes avaler un cachet de bleu à un malade qui supportait facilement l'introduction de la sonde. Le cathérisme pratiqué une demi-heure après l'ingestion ramenait un liquide très peu teinté et le cachet ramolli, qui avait formé autour de la poudre une sorte de grumeau mucilagineux l'empêchant de se dissoudre.

Un médicament donné en cachets n'est donc pas mis en liberté dans l'estomac. Nous eûmes alors l'idée de faire prendre le bleu enveloppé dans du papier soie. Si on projette à la surface d'un verre d'eau le petit peloton ainsi obtenu, on voit le papier se dérouler rapidement et s'étaler à la surface du liquide qui dissout le bleu. Il doit en être ainsi dans l'estomac si on fait avaler un petit peloton identique en même temps qu'un demi-verre d'eau. Et, en effet, dans ce cas, au bout cinq minutes on en retire un liquide parfaitement coloré.

C'est sous cette forme que nous fîmes prendre le bleu de méthylène et les résultats espérés se produisirent : disparition des troubles fonctionnels, diminution de l'acide chlorhydrique libre et de l'acidité totale.

Depuis, nous avons songé à remplacer le papier de soie par la gélatine à manger (grénétine). Nous mettons le bleu dans de petits tubes faits avec des feuilles très minces de gélatine à manger qui fond rapidement à 30 degrés, tandis qu'il faut, aux capsules de gélatine ordinaire, un séjour d'une demi-heure dans de l'eau à 40 degrés aiguisée d'HCl pour gonfler et se ramollir.

Nous regrettons de ne pas avoir eu l'occasion d'administrer dans d'autres cas d'hyperchlorhydrie le bleu de méthylène. Nous aurions probablement pu alors préconiser d'une façon plus catégorique ce nouveau traitement.

Néanmoins, les bons résultats que nous avons obtenus dans les deux cas où nous l'avons employé nous paraissent légitimer de nouveaux essais.

Ces réserves faites, nous croyons qu'on peut administrer le bleu de méthylène pour diminuer l'acidité de l'hyperchlorhydrie et en guérir les troubles fonctionnels. Dans ce but, plusieurs conditions s'imposent :

1° Donner des doses faibles de 10 à 20 centigrammes réparties en plusieurs prises durant la journée ;

2° Le donner sous une forme telle qu'il puisse avoir une

action locale sur la muqueuse gastrique (de préférence dans nos tubes de gélatine).

Observation IV (personnelle).

Recueillie dans le service de M. le médecin-major Berthier.

Hyperchlorhydrie remontant à quinze ans et traitée sans succès par les alcalins. — Amélioration considérable par le bleu de méthylène.

M..., étudiant en droit, âgé de vingt-trois ans, soldat au 22e régiment d'infanterie entre à l'hôpital militaire Desgenettes, le 22 avril 1894, pour des crises douloureuses de l'estomac.

Sa bisaïeule est morte à quarante cinq ans d'un cancer à l'estomac. Sa grand-mère paternelle est morte à vingt-huit ans *d'ulcus rotundus* et son père atteint de la même affection a succombé à une gastrorragie à l'âge de trente-cinq ans.

Sa mère enfin, bien que n'ayant jamais eu de crise convulsive est manifestement nerveuse.

Le malade lui, a fait quelques excès d'alcool et il présente un état de nervosisme assez prononcé. Ni tuberculose, ni syphilis. Depuis l'âge de dix ans, il fait des écarts de régime ; d'ailleurs il a été toujours gros mangeur ce que ses parents attribuaient à sa maladie.

Depuis de longues années il souffre de l'estomac. A l'âge de huit ans il éprouvait déjà des douleurs au niveau du creux épigastrique et il avait des renvois acides après les repas ; il y a neuf ans, sans cause apparente, son état subit une aggravation telle que pendant un mois il se mit à vomir après tous les repas. Dès l'âge de douze ans, plusieurs médecins portaient le diagnostic d'hyperchlorhydrie.

Le traitement par les alcalins à haute dose a été pendant longtemps suivi ; il lui a été fait aussi des lavages de l'estomac ; à cette médication était associé un régime particulier.

Le malade n'a jamais eu de gastrorrhagie ni de méléna et depuis son arrivée au régiment il n'a jamais vomi; pourtant il n'est pas guéri et depuis cinq mois qu'il est soldat, c'est la troisième fois qu'il entre à l'hôpital pour douleurs gastriques.

La langue est légèrement saburrale ; le ratelier est en bon état et l'estomac n'est pas ballonné. La palpation éveille une douleur peu vive au-dessous de l'appendice xiphoïde. La percussion de l'épigastre est légèrement douloureuse. La sonorité stomacale qui commence au niveau du sixième espace intercostal s'étend jusqu'à 4 centimètres au-dessus de l'ombilic. Le foie déborde légèrement les fausses côtes. La rate n'est pas augmentée de volume et l'abdomen est parfaitement souple.

L'appétit est plutôt augmenté ; cependant le malade mange peu pour éviter les douleurs que réveille la digestion. L'ingestion toutefois n'est pas douloureuse et si même il y a avant le repas quelques douleurs, elle les fait disparaître.

Deux heures après, surviennent des renvois acides et une sensation de brûlure rétro-sternale. L'estomac augmente de volume et le malade éprouve un malaise général. Alors éclate une crise douloureuse avec irradiations dans le flanc droit et vers le rachis. On le voit assis sur son lit, plié en avant, la face congestionnée. Et avec les poings il se comprime l'épigastre pour calmer la douleur qui se trouve également diminuée s'il se couche sur le côté droit. Les légumes, les fruits surtout provoquent les crises ; la viande elle aussi quelquefois les amène. Chaque crise dure environ une demi-heure, elle est plus forte après le repas du soir. Entre les crises, le malade n'éprouve que de rares douleurs lancinantes et en général il ne souffre pas.

Les selles sont assez irrégulières ; à de longues périodes de constipation succèdent des débacles abondantes ; elles sont liquides mais sans fétidité anormale. Pas de vomissements, jamais d'ictère. Rien au cœur ni aux poumons. Ni sucre, ni albumine dans les urines. Le malade se plaint parfois d'avoir des maux de tête et des vertiges.

Il est de constitution faible et pèse 60 kilogrammes avec un périmètre thoracique de 78 centimètres et une taille de $1^{m}.70$. Son système musculaire est peu développé, on provoque facilement le phénomène de la corde.

19 mai 1894. — Le malade n'ayant rien mangé depuis la veille à 5 heures du soir, on explore l'estomac avec la sonde à 9 heures du matin et on en extrait par aspiration 80 grammes environ d'un liquide incolore contenant des débris alimentaires. Ce liquide filtré donne la réaction de Günzburg très nette et celle du vert brillant s'y produit très accusée. Le liquide de rétention est donc acide et il y a de l'HCl en liberté. Le perchlorure de fer n'y décèle pas la présence d'acide lactique.

22 mai. — On renouvelle l'exploration du 19. L'aspiration avec l'appareil Potain n'amène rien. On fait avaler au malade un demi-verre d'eau et l'aspiration pratiquée dix minutes après donne un liquide incolore tenant en suspension quelques débris alimentaires qui fournit les mêmes réactions colorantes que celui d'il y a trois jours.

25 mai. — Hier soir, quatre heures après le repas on a fait passer dans l'estomac 15 litres de liquide ; l'eau sortait à la fin, limpide et neutre, au papier de tournesol. Ce lavage a ramené beaucoup de débris alimentaires et surtout du pain ; il n'y avait pas de traces de la viande ni du pain ingérés. Cette nuit a été particulièrement bonne, le malade n'a pas ressenti la moindre souffrance. Ce matin, cinq minutes après l'ingestion d'un demi-verre d'eau, cathéthérisme et aspiration d'un liquide ne renfermant aucune parcelle alimentaire. Les réactions de Günzburg et du vert brillant ne s'y produisent point.

28 mai. — On fait prendre à 7 h. 1/2 au malade, le repas d'épreuve de G. Sée (pain 100, viande 80, eau un demi-verre). Au bout d'une heure et demie on retire un liquide abondant, de couleur jaunâtre à odeur de pain rance et contenant en suspension des débris de mie de pain ; il filtre assez rapidement au début, plus lentement à la fin. Les réactions colorantes du liquide filtré avec le Günzburg et le vert brillant, sont énergiques. Le liquide contient des propeptones, des peptones, de la dextrine, du sucre. L'analyse quantitative donne :

HCl libre 0.730
Acidité totale 4.38

12 juin. — Le malade s'est astreint à son régime spécial. A la condition de ne pas manger le soir, il évite les crises douloureuses de la nuit, cependant parfois il souffre encore. Son état général s'est amélioré.

15 juin. — 2e chimisme qui donne :

HCl libre 2.33
Acidité totale . . . 4.52

16 juin 1894. — On donne tous les jours 10 centigrammes de bleu médicinal en solution dans 100 grammes d'eau, le malade aspire le liquide avec un chalumeau de façon à colorer sa bouche le moins possible. Il évite de prendre le médicament pendant l'heure qui précède et les quatre heures qui suivent les repas.

17 juin. — Les urines du malade sont colorées en bleu, elles ne renferment ni sucre ni albumine. La langue elle aussi est colorée en bleu. Depuis hier le malade n'a pas eu la moindre douleur.

20 juin. — Depuis trois jours, le malade accuse une amélioration très sensible, alors que même depuis qu'il suivait le régime, il s'éveillait quatre ou cinq fois toutes les nuits, ayant des renvois acides, il dort parfaitement bien à présent, et n'a plus de renvois. Son appétit s'il est modifié est un peu diminué. Le bleu médicinal est, dit-il, très amer.

Le volume des urines semble un peu diminué, il ne dépasse pas 1 litre, bien que le malade prenne du lait.

Un 3e chimisme donne :

HCl libre 0.80
Acidité totale 3.86

22 juin. — Le traitement est toujours continué et l'amélioration acquise persiste.

27 juin. — Le malade ressent une amélioration de plus en plus

considérable. Hier au soir il a pu manger sans souffrir durant la nuit.

3 juillet. — On cesse l'administration du bleu de méthylène.

21 juillet. — Le malade n'a plus souffert depuis l'administration du bleu, il peut manger le soir sans avoir de crise. Il quitte aujourd'hui l'hôpital.

A diverses reprises nous avons vu M... et en particulier au mois d'octobe 1895 ; depuis sa sortie de l'hôpital, malgré les vieilles habitudes reprises et sa vie assez irrégulière, il n'a que très peu souffert et à de longs intervalles. Il nous déclare que si les douleurs reparaissaient, il n'hésiterait pas à reprendre du bleu de méthylène.

Observation V (personnelle).

(Recueillie dans le service de M. le professeur agrégé Lannois).

Hyperchlorhydrie de date récente. — Vomissements. — Traitement par le bleu de méthylène. — Diminution de l'acide chlorhydrique. — Amélioration rapide.

Anne C... vingt-quatre ans, vermicellière. Entre à l'hôpital de la Croix-Rousse, au n° 8 de la salle Sainte-Clotilde, le 30 avril 1895 pour des troubles digestifs.

Son père et sa mère sont bien portants, un de ses frères est mort à treize ans de fièvre indéterminée (?).

Il y a quatre ans, elle fut soignée à l'Hôtel-Dieu pour une dothiénenterie ; deux ans après elle a la rougeole.

Pas d'excès alcooliques.

Au mois de novembre 1894, elle aurait été soignée aux Chazeaux pour une éruption d'urticaire généralisée ; à ce moment déjà elle se plaignait de maux d'estomac qui furent légèrement améliorés par le bicarbonate de soude.

Son affection actuelle remonte donc à un an; depuis cette époque elle a du côté de l'estomac des phènomènes douloureux qui ont augmenté de plus en plus; au dire de la malade elle aurait en même temps maigri d'une façon notable. Depuis un mois elle éprouve une céphalalgié constante mais plus vive le matin. Il y a vingt jours, fatiguée et ne pouvant se tenir debout, la malade s'est alitée, depuis elle ne s'est plus levée, elle ne semble pourtant pas avoir eu d'état aigu.

L'appétit est presque nul depuis trois mois, après avoir été normal auparavant. Elle n'a point d'appétence particulière pour un aliment spécial. Ce n'est pas que son anorexie soit absolument complète, mais elle mange tout avec dégoût; elle ne mange volontiers que les aliments épicés et autrefois elle a longtemps abusé du vinaigre. La viande et la graisse lui répugnent : elle n'en aurait point mangé depuis deux mois environ. Jamais de période d'appétit alternant avec son anorexie. Toutefois, au début de sa maladie, l'appétit était exagéré et réclamait surtout une satisfaction immédiate, mais il était très vite apaisé.

Depuis deux mois, la malade éprouve une sensation de soif constante : elle boit beaucoup d'eau, mais elle repousse le vin qui « lui brûle l'estomac ». Elle n'aime pas l'alcool, mais affectionne le café dont elle buvait au moins six tasses par jour; cela l'énervait, l'empêchait de dormir et lui donnait la migraine, si bien qu'elle a été obligée de s'arrêter.

Depuis un an, elle a des vomissements presque quotidiens qui se produisent à heures variables, parfois le matin, souvent le soir, et ordinairement après le repas. Dans ce dernier cas ils sont alimentaires, dans les autres ils sont muqueux. Ils sont précédés de nausées qui d'ailleurs sont très fréquentes, surtout quand la malade est debout. Quelquefois, après une nausée, elle rend, dit-elle, « une gorgée d'eau ».

Interrogée au point de vue d'une grossesse, elle nie tout rapprochement sexuel.

En juillet 1894, alors qu'elle ne souffrait pas encore, la malade aurait vomi du sang et cela à trois reprises différentes et à une semaine d'intervalle. Ce sang a bien été vomi; sa quantité n'excédait pas le volume d'une cuillerée à café. Il était sans doute mélangé de mucus ; depuis ce moment elle n'aurait pas eu de nouvelles hématémèses. Le sang en question était rouge et sans caillots. Les selles n'ont jamais été noires.

Actuellement elle se plaint de douleurs au moment de la digestion, analogues à celles qui ont été les premiers symptômes de sa maladie : plénitude et pesanteur gastriques; brûlure au creux épigastrique. Cette sensation de brûlure qui apparaît quelque temps après l'ingestion est calmée par le vomissement. Quelquefois elle existe avant le repas; elle est en tout cas augmentée par l'arrivée des aliments dans l'estomac et par le décubitus sur le côté gauche.

En même temps la malade souffre dans le dos, du côté de la région lombaire, et cette douleur qui paraît avoir un caractère térébrant vient et disparaît avec celle de la région épigastrique, ce qui permet de penser qu'elle est en rapport avec elle. La douleur siégeant au creux épigastrique y semble localisée et n'avoir aucune irradiation.

Quand la malade ne vomit pas, elle souffre longtemps; dès qu'elle a vomi, sa douleur est beaucoup moins vive, mais elle continue à souffrir encore un peu ; elle a toujours une sensation de brûlure épigastrique, mais elle est bien moins vive qu'auparavant. Cela dure jusqu'au repas suivant où tout recommence.

La malade raconte qu'étant couchée, elle a toujours la main appuyée sur la région stomacale, car une pression modérée calme sa douleur; elle a remarqué qu'elle est aussi rendue moins vive par la position demi-couchée et assise.

Ni pyrosis, ni régurgitations. Pas de ballonnement abdominal plus marqué pendant la digestion, mais ballonnement constant avec bouffées de chaleur et palpitations; céphalalgie continuelle, surtout frontale ; pas de sensation de casque.

Les dents sont bonnes et le râtelier à peu près complet. Langue bonne, non saburrale; constipation habituelle et opiniâtre. Du côté de l'estomac, rien à l'inspection; à la palpation, douleur assez légère et sans irradiation. Ni clapotement, ni succussion une heure après un repas composé d'un œuf, de purée de pommes de terre et d'eau alcaline.

La malade paraît nerveuse, émotive, d'un caractère difficile. Pas de stigmates nets d'hystérie, si ce n'est un peu d'hyperesthésie ovarienne gauche et une anesthésie pharyngienne complète. Pas de signes de neurathénie ; elle se frappe pourtant de son état.

Dans la fosse sus-épineuse droite, on trouve une légère diminution de la sonorité, de l'augmentation de vibrations et de l'expiration un peu prolongée.

Rien au cœur.

Rien dans les urines.

A l'entrée (15 avril 1895) on ne fait pas son chimisme stomacal.

On lui donne de l'eau alcaline, un demi-litre de lait et un régime spécial (lait, œufs, purées).

15 mai. — La malade se trouvant un peu soulagée, elle sort malgré les conseils du médecin traitant.

En ce moment, les vomissements sont moins fréquents et les nausées moins intenses ; mais la douleur après les repas ne s'est pas modifiée.

A la sortie, on lui recommande Am Br, 2 grammes tous les jours pendant dix jours. Bicarbonate de soude, 5 grammes. Régime lacté, œufs, aliments légers.

18 mai. — La malade rentre avec les mêmes symptômes que la première fois. Bicarbonate de soude 4 grammes. Eau alcaline. Douches froides.

2 juin. — La malade prend un repas d'épreuve composé de thé et de pain. Mais au bout d'une heure on ne peut le retirer.

12 juin. — Nous voyons la malade pour la première fois. Il y a une huitaine de jours qu'elle a laissé son traitement et son régime spécial, n'en ayant retiré aucun profit notable. Actuellement, elle éprouve une sensation constante d'appétit, accompagnée de douleur et immédiatement calmée par l'ingestion des aliments ; vomissements encore assez fréquents et douleurs vives survenant une heure et demie après les repas. Elle suit le régime ordinaire sans viande. Céphalalgie. Rêves, constipation. Douleur vive entre le moment du repas et le vomissement.

On administre un nouveau repas d'épreuve composé cette fois-ci de 80 grammes de viande, 100 grammes de pain et un verre d'eau.

Après une heure et demie, on tente de le retirer ; mais le sondage provoque un vomissement qui, analysé, donne :

Acide chlorhydrique libre, 2,48	Acide lactique : néant.
Acidité totale 3,78	Sucre : traces.

20 juin. — On commence le traitement par le bleu de méthylène. On le donne en cachets. Tous les jours, 10 centigrammes en six cachets : un toutes les heures en évitant d'en prendre durant l'heure qui précède et les deux heures qui suivent les repas.

24 juin. — Le médicament donné en cachets pendant quatre jours n'a amené aucune modification.

Les cachets sont remplacés par de petits paquets faits avec du papier soie. 10 centigrammes en six paquets tous les jours : faire coïncider les prises avec les plus vives douleurs.

25 juin. — Pas de modification appréciable ; douleurs toujours plus violentes après les repas. Appétit mauvais. Urines colorées en bleu. Pas d'albumine.

26, 27 juin. — Une amélioration sensible s'est produite : la douleur épigastrique existe encore, mais elle a beaucoup diminué. La malade se lève pour travailler, ce qu'elle ne pouvait faire il y a huit jours.

28 juin. — Toujours même traitement et mêmes doses. On vient voir la malade et elle mange plus qu'à l'ordinaire. Elle est étonnée de ne point vomir et de ne pas souffrir.

29 juin. — Le traitement est involontairement suspendu. Durant cette première journée, l'amélioration acquise se maintient.

30, 31 juin. — Quelques petites douleurs ; légers vomissements. Urines encore bleues.

1er juillet. — On revient au bleu de méthylène : 20 centigrammes en six paquets. Dès cette première journée, la malade dit avoir retiré du médicament une diminution immédiate et sensible de la douleur.

6 juillet. — Le bleu de méthylène, continué jusqu'à ce jour, est suspendu. La malade mange d'assez bon appétit et sa digestion est facile : elle ne vomit plus. Les douleurs ont à près complètement disparu. Plus de nausées. La malade se dit plus forte : elle dort bien, mais elle a toujours des rêves et de la céphalalgie.

Un repas d'épreuve, composé de viande, de pain et d'eau, est retiré une heure et demie après l'ingestion : on y trouve HCl libre, 0. Acidité totale, 1,923.

11 et 12 juillet. — L'amélioration acquise se maintient.

13 juillet. — La malade qui hier a mangé normalement souffre de nouveau. Sa digestion lui semble ne pas se faire et elle n'a pu dormir de la nuit.

14 et 15 juillet. — Les douleurs sont continues avec accès plus violents après les repas. Sensation de faiblesse et de délabrement. Tandis qu'elle pouvait se lever pendant le traitement par le bleu, la malade aujourd'hui est obligée de garder le lit. L'appétit amélioré, il y a huit jours, a de nouveau disparu. La malade d'elle-même redemande du bleu de méthylène.

16 juillet. — On recommence le traitement : 10 centigrammes en six paquets aux douleurs.

17 juillet. — De nouveau encore la malade va mieux et les douleurs ont disparu.

18, 19 et 20 juillet. — Tous les jours, 10 centigrammes de bleu.

21 juillet. — Plus de bleu de méthylène ; l'amélioration se maintient. Plus de douleurs. La céphalalgie n'a pas été modifiée. La malade qui a des pertes blanches a remarqué qu'elles sont colorées en bleu.

Un repas d'épreuve (eau, pain, viande) est rejeté une heure et demie après l'ingestion en un vomissement provoqué par les tentatives de sondage. Il est de consistance pâteuse formé de débris de pain ; il filtre très lentement.

A l'analyse, on a HCl libre, 0. Acidité, totale 1,65.

30 juillet. — Depuis le 21 juillet, la malade ne prend plus le bleu de méthylène et les résultats acquis se maintiennent. Elle ne mange toujours pas de viande. Elle ne souffre pas et n'a pas jugé bon de prendre les doses de bleu qu'on lui avait laissé à prendre si elle venait à souffrir.

Tel est l'état de la malade quand nous sommes obligés de la laisser. Nous aurions tenu à la revoir depuis, mais nos efforts pour la retrouver sont restés sans résultat.

CONCLUSIONS

I. Le bleu de méthylène n'est pas toxique lorsqu'il est pur. La dose quotidienne, par la voie stomacale, ne doit pas dépasser 1 gramme et doit être donnée en plusieurs fois. Il est bon de commencer par de faibles doses pour s'assurer qu'on n'est pas en présence d'une intolérance individuelle du tube digestif.

II. Le bleu de méthylène peut avoir une action analgésique et être employé avec succès contre la douleur, surtout dans les névralgies.

III. Par son action antiseptique, il peut amener la guérison de toutes les infections locales et en particulier des affections des yeux, des voies génito-urinaires et de la bouche (angin ediphtérique).

IV. Dans la fièvre intermittente, quand la quinine à échoué ou n'est pas supportée, il peut la remplacer surtout dans les formes aiguës et chez les enfants.

V. On doit l'employer comme traitement des tumeurs malignes, des épithéliomas de la peau principalement, quand une opération est repoussée ou contre-indiquée.

VI. Dans deux cas d'hyperchlorhydrie observés l'un chez une névropathe, l'autre chez un névropathe-alcoolique, il nous a donné avec la disparition des symptômes fonctionnels une diminution dans la valeur de l'acidité gastrique.

BIBLIOGRAPHIE

1885. Ehrlich, Centralblatt f. d. med. Wissensch.

1887. — Ueber die Methylenblaureaction des lebenden Nervensubstanz. Biologisches Centralblatt. Bd. VI.

— O. Schultze, Anat. Anzeiger, p. 684 : Die vitale Methylenblaureaction der Zellgranulei.

— Pfeffer, Ueber Aufnahme von Anilinfarben in lebende Zellen. Institut zu Tubingen. Bd. II.

1890. Stilling, Anilinfarbstoffe als Antiseptica und ihre Anwendung.

— — Berl. klin. Woch. : n° 18-24.

— Pillet, Tribune méd., 2 nov.

— Erhlich et Lippmann, Deutsche med. Woch, n° 23.

— G. Sée et Moreau, Méd. moderne, n° 20, p. 560.

— Combemale et François, Soc. de biologie, 19 juillet, p. 468.

— Leflaive, Bulletin médical, p. 677.

— Petersen, Wratch, n° 20.

— Einhorn, Berl. med. Woch, n° 18 et 1891, p. 39.

1891. — Deutsche med. Woch, 30 avril.

— Egasse, Bull. thérap., 15 juin, p. 493.

— Beyer, Wien. med. Press., n° 27.

— Hugounenq et Eraud, Soc. de biologie, 28 février.

— Dauphant, Thèse de Lyon.

— Immerwahr, Deutsche med. Woch. n° 31.

— Mya, Sperimentale, Firenze.

— Tissier, Ann. de médecine.

— Netschojeff, Soc. biol., 2 mai.

— Gaillard, Soc. méd. des hôpit.

— Ehrlich et Guttmann, Berl. klin. Woch, n° 39.

— Rudish et Einhorn, Medical record.

— Semaine médicale, nos des 30 septembre et 25 novembre.

1892. Bogges, Am. Pract and News, Louisville.
— Boinet et Tritingnam, Marseille méd., XXIX, 574.
— — Bull. méd., 943.
— Nanu, Gaz. hôp., 26 avril.
— Bourdillon, Revue méd., Paris, p. 665, 686.
— Laveran, Soc. de biol.
— Vittakes. J. am. m. ass., Chicago.
— Althen, Bull. de thérap.
— Semaine médicale, 13 janvier.
1893. Piotrowski, Soc. biol., p. 423.
— D'Aulnay, Bull. gén. thérap., p. 396.
— A. Kasem-Beck, Vratch, nos 23, 27.
— Cl. Ferreira, Bull. gén. thérap., 15 juin.
— Soc. méd. interne de Berlin, 18 déc., 25 janv., 21 fév.
— Dabrowski, Gazeta Lekarska Wrach, n° 11.
— Darier, Soc. chirurg., 7 juin.
— Bull. méd., p. 69 et 227, XX.
— Semaine méd., 11 janvier.
1894. Marbot, Th. de Paris.
— Bard, Semaine méd.
— Mosetig-Moorhof, Soc. imp. roy. de méd. Vienne, 4 mai.
— Darier, Acad. de méd., 22 mai.
— Charrin et Carnot, Acad. des sciences, 20 août.
— Schultze, Semaine méd., 7 février, 9 mai.
— Semaine méd., 9 mai, 14 avril.
— Hertwig, La cellule, Paris.
1895. Waldeyer, Soc. de méd. int. de Berlin, 17 juin.
— Ferrand, Soc. méd. hôp., 5 avril.
— J. Renaut, Congr. de méd. in et Neur., 5 août.
— Verworn, Allgemeine Physiologie.
— Semaine médicale, 8 février, 27 mars, 18 septembre.
— Sollier et Parmentier, Arch. de physiol. p. 335.
1895. Moncorvo. Gazette hebdomadaire, 7 décembre.

Lyon. — Imp. Pitrat Aîné, A. Rey Successeur, 4, rue Gentil — 12218

Lyon. — Imp. Pitrat Aîné, A. Rey Successeur, 4, rue Gentil. — 12248